职业教育“互联网+”新形态教材

新编基础会计实训

（第3版）

于　坤　林冬梅　主　编

潘　凯　王　刚　林丽娜　严　妍　马汉杰　副主编

電子工業出版社

Publishing House of Electronics Industry

北京 · BEIJING

内 容 简 介

本教材是职业教育“互联网+”新形态教材之一，是按照职业教育特点，为适应市场经济的发展和新会计准则对会计教材更新换代的需求而编写的。本教材以会计理论知识为依据，并突出实务技能操作。本教材主要内容包括会计总论实训、会计要素及会计平衡公式实训、账户与复式记账实训、会计凭证实训、会计账簿实训、主要经济业务实训、财产清查实训、会计核算程序实训、会计报表实训、会计工作组织意义和要求实训、综合实训共 11 个模块。在编写过程中，为了培养学生的专业技能和方便教师教学，在各模块中都安排了丰富的教学小案例实训，紧密联系实际，题型多样，便于操作，体现了“学中做，做中学”的教学理念。

本教材既可作为职业院校会计专业的教材和会计实务工作者的参考资料，也可作为其他相关专业的辅助用书。

图书在版编目（CIP）数据

新编基础会计实训 / 于坤，林冬梅主编. —3 版. —北京：电子工业出版社，2020.10
ISBN 978-7-121-39833-9

Ⅰ. ①新… Ⅱ. ①于… ②林… Ⅲ. ①会计学－中等专业学校－教材 Ⅳ. ①F230

中国版本图书馆 CIP 数据核字（2020）第 206870 号

责任编辑：陈　虹　　　　特约编辑：胡伟卷　许振伍
印　　刷：三河市龙林印务有限公司
装　　订：三河市龙林印务有限公司
出版发行：电子工业出版社
　　　　　北京市海淀区万寿路 173 信箱　邮编 100036
开　　本：787×1 092　1/16　印张：15.25　字数：390.4 千字
版　　次：2009 年 9 月第 1 版
　　　　　2020 年 10 月第 3 版
印　　次：2020 年 10 月第 1 次印刷
定　　价：42.80 元

凡所购买电子工业出版社图书有缺损问题，请向购买书店调换。若书店售缺，请与本社发行部联系，联系及邮购电话：(010)88254888，88258888。

质量投诉请发邮件至 zlts@phei.com.cn，盗版侵权举报请发邮件至 dbqq@phei.com.cn。

本书咨询联系方式：邮箱 fservice@vip.163.com；QQ 群 427695338；微信 DZFW18310186571。

前言

《新编基础会计实训》是根据财政部发布的新的《企业会计准则》，为了适应会计制度改革对会计教材更新换代的需要，组织有多年实践经验的教师精心编写的。该教材出版后，得到了广大教师和学生的认可与欢迎。在此，感谢第 1 版和第 2 版编者的辛勤劳动和广大教师的支持。

本教材是在第 2 版的基础上修订而成的。本次修订一是根据税法改革，对部分业务题的原始凭证进行了调整；二是根据新版增值税发票和新增值税税率，对业务题进行了修改，使教材内容更加实用。本教材体例新颖、结构严谨，深入浅出、通俗易懂，适用性强、适用面广。

在本教材的编写过程中，我们本着“以能力为本位，以学生为主体，以实践为导向”的指导思想，根据职业教育学生性格活泼、动手能力强的特点，努力践行“教中做、做中教、教做合一，学中做、做中学、学做合一”的理念，促使学生想学、爱学、乐学。本教材与基础会计课程内容紧密结合，每个模块都有原始凭证，旨在强化学生的实际操作能力。为了提高学生的学习兴趣，增加学习的趣味性，本教材在模块中增设了小知识、提示、知识链接、知识巩固等内容，以拓展学生的知识面。

本教材由通化市职业教育中心于坤、吉林省经济干部管理学院林冬梅任主编，由通化市职业教育中心潘凯、王刚，黑龙江省贸易经济学校林丽娜，江苏省淮安工业中等专业学校严妍，汕头市澄海职业技术学校马汉杰任副主编；参与编写的还有黑龙江省贸易经济学校周萍，通化市职业教育中心王飞、王喜艳、高元香、包相贵、刘晶、马清华、王丹、张立梅。具体编写分工为模块 1 由周萍编写，模块 2 由潘凯编写，模块 3 由林丽娜编写，模块 4 由王飞编写，模块 5 由王喜艳编写，模块 6 由林冬梅、高元香、包相贵编写，模块 7 由刘晶编写，模块 8 由于坤、马清华编写，模块 9 由王丹编写，模块 10 由张立梅编写，模块 11 由于坤、马汉杰、严妍编写。本教材最后由于坤统稿。

由于编写水平有限，错误之处在所难免，敬请读者批评指正。

编　者

目录

企业名称	华龙实业有限责任公司
注册地址	北京市大兴区南五环路208号
注册资本	人民币100万元
企业性质	工业生产型企业
开户行	中国工商银行北京市红星分理处
账号	201310001988630135
税务登记证号	91110115582861102F
纳税人类型	一般纳税人
增值税率	13%
经营方式	生产销售
企业制度	执行《企业会计制度》

模块 1 会计总论实训

模块认知

本模块主要讲述会计基本概念、会计对象、会计核算的前提和原则，以及会计核算的方法。

通过练习，你应该能够：

1. 掌握会计的基本概念。
2. 熟悉会计的基本职能。
3. 熟悉会计的基本特点。
4. 明确会计的对象。
5. 熟悉会计核算的基本前提和会计信息质量要求。
6. 了解会计核算的方法。

本模块的重点是掌握会计核算的基本概念，熟悉会计核算的内容、依据和方法体系，为以后模块的进一步学习奠定基础。本模块的难点是对会计要素、会计前提、会计信息质量要求的理解。对此，要加强课后练习。有些概念暂时无法理解透彻也不要紧，可留待本课程学完后，再回过头来重温，以加深理解。到那时，你的体会将会更深刻，收获会更大。

课前热身

到企业进行社会调查并学习有关资料，了解会计的基本概念、会计的特点、各行业会计的职能，以及会计核算任务和方法等。

实训要求

掌握会计的概念、特点、职能、任务和方法。

1. 会计的概念

判断题

① 会计是以货币为主要计量单位，反映和监督一个单位经济活动的一种经济管理工作。（ ）

② 现代会计核算就是对已经发生的经济业务进行记录和反映，属于事后算账。（ ）

③ 财务会计只是向外部关系人提供有关财务状况、经营成果和现金流量情况的信息；管理会计只是向内部管理者提供进行经营规划、经营管理、预测决策所需的相关信息。（ ）

2. 会计的基本职能（见图 1.1）

图 1.1

试题自测

单选题

① 会计监督主要是通过（ ）指标来进行的。

A．数量指标 B．价值量指标 C．实物量指标
D．劳动量指标 E．绝对数指标 F．相对数指标

② 事中核算的主要形式是在计划执行过程中，为使经营活动过程按照计划或预期的目标进行，通过核算和监督相结合的方法，对经济活动进行的（ ）。

A．核算 B．监督 C．考核
D．控制 E．激励 F．反馈

③ 记账、算账、报账是会计的（ ）。

A．工作内容 B．对象 C．工作过程
D．一种职能 E．方法 F．原则

多选题

会计的两项基本职能是相辅相成、辩证统一的关系，下列表述正确的是（ ）。

A．会计监督是会计核算的基础
B．没有会计核算提供的信息，监督就会失去依据
C．会计监督是会计核算的质量保证
D．会计还具有预测经济前景、参与经济决策、评价经营业绩等功能
E．会计监督是会计核算的依据
F．没有会计监督所提供的信息，核算就失去了依据

3. 会计基本等式

单选题

① 一项负债减少，不可能引起（ ）。

A．一项资产的减少
B．一项资产的减少和另一项负债的增加
C．一项负债的增加
D．一项资产的减少和另一项资产的减少
E．一项负债的减少
F．一项负债的增加和一项所有者权益的增加

② 企业期末所有者权益总额等于（ ）。

A．期末资产－期末负债
B．本期收入－本期费用
C．期末资产－本期费用
D．期末负债＋本期费用
E．资产＋负债
F．资产－负债

③ 企业某月的所有者权益总额为20 000元，负债总额为30 000元，则该企业的资产总额为（ ）。

A．50 000元 B．30 000元 C．40 000元
D．10 000元 E．－10 000元 F．20 000元

4. 会计核算职能的内容（见图1.2）

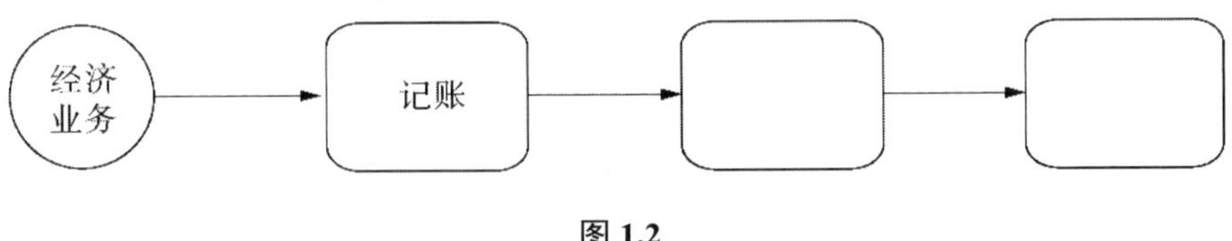

图1.2

5. 会计对象（见图1.3）

图1.3

6．会计信息的质量要求（见图 1.4）

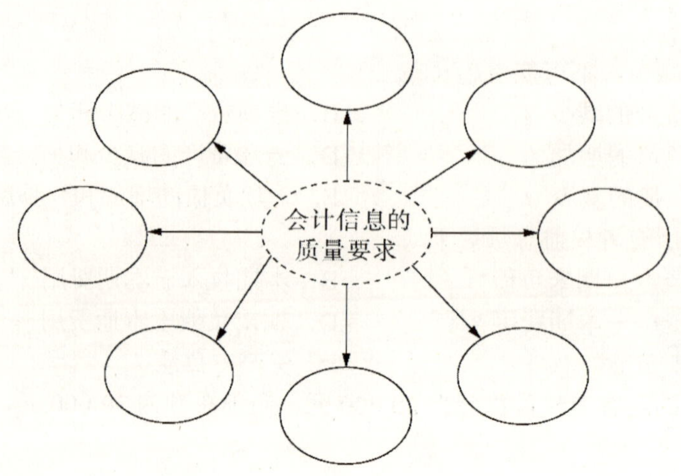

图 1.4

知识巩固：将所列事项与信息质量要求对应。

① 当会计信息没有重要差错或偏向，并能如实反映其理所反映或理当反映的情况而能供使用者做依据时，会计信息就具备了（　　　　　）要求。

② 企业对于已经发生的交易或事项，应当及时进行会计确认、计量和报告，不得提前或延后。这是会计信息的（　　　　　）要求。

③ 当某项经济业务或会计事项的数量达到一定的规模（包括绝对数量和相对数量），可能对决策产生影响时，或者从性质上看，当经济业务或会计事项有可能对决策产生一定影响时，会计人员一般认定符合重要性质量要求。换言之，如果会计信息的省略或误报会影响使用者根据财务会计报告做出经济决策，则会计信息就具有（　　　　　）要求。

④ 会计信息质量的（　　　　　）要求需要企业在确认、计量和报告会计信息的过程中，充分考虑用户的决策模式和信息需要。

⑤ 从经济实质看，对于融资租赁取得的固定资产，企业能够控制该项固定资产创造的未来经济利益，因此在会计确认、计量和报告中应当将融资租入的固定资产作为本企业的资产。此时的会计信息依据的是（　　　　　）的质量要求。

⑥ 会计信息系统提供会计信息的目的在于供会计信息使用者使用。使用会计信息必须明确会计信息的内涵，了解会计信息的真实内容，这就要求会计信息系统提供的会计信息必须（　　　　　）。

⑦ 企业对交易或事项进行会计确认、计量和报告应当保持应有的谨慎，不应高估资产或收益、低估负债或费用。这是会计信息的（　　　　　）要求。

⑧ 为了便于投资者等财务报告使用者了解企业财务状况、经营成果和现金流量的变化趋势，需要比较企业在不同时期的财务报告信息，全面、客观地评价过去、预测未来，从而做出决策。会计信息质量的（　　　　　）要求对同一企业不同时期发生的相同或者相似的交易或事项，应当采用一致的会计政策，不得随意变更。

7. 会计核算方法的应用程序（见图 1.5）

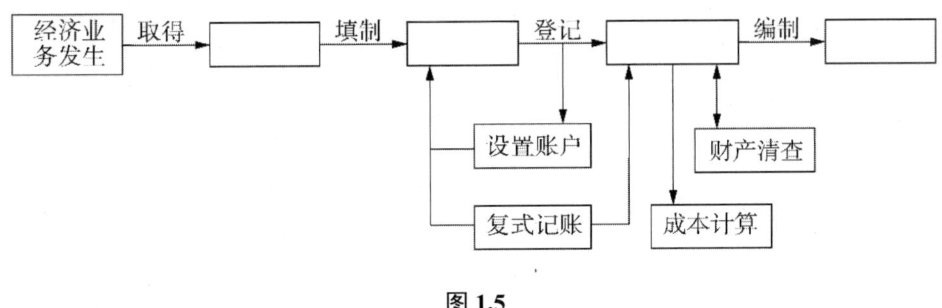

图 1.5

8. 会计的特点（见图 1.6）

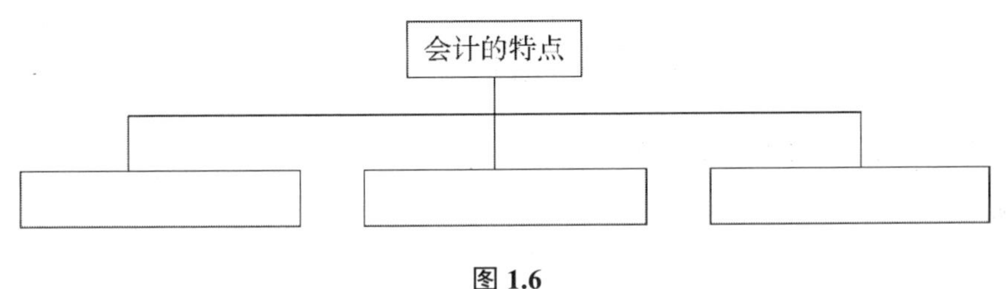

图 1.6

9. 会计核算的基础

案例：某企业 1 月份的收支情况如表 1.1 所示。根据经济业务内容按权责发生制和收付实现制原则计算企业当期的收入和费用，并完成表 1.1。

① 销售产品 8 000 元，货款存入银行。

② 销售产品 20 000 元，货款尚未收到。

③ 支付本年度 1 至 6 月份的房屋租金 6 000 元。

④ 本月应计提银行借款利息 1 000 元。

⑤ 收到上年度 11 月的销货款 7 000 元。

⑥ 收到购货单位预付货款 8 000 元，下月交货。

表 1.1　　1 月份的收入与费用计算　　元

业　务	权责发生制		收付实现制	
	收　入	费　用	收　入	费　用
①				
②				
③				
④				
⑤				
⑥				
合　计				

10. 会计核算的基本前提（见图 1.7）

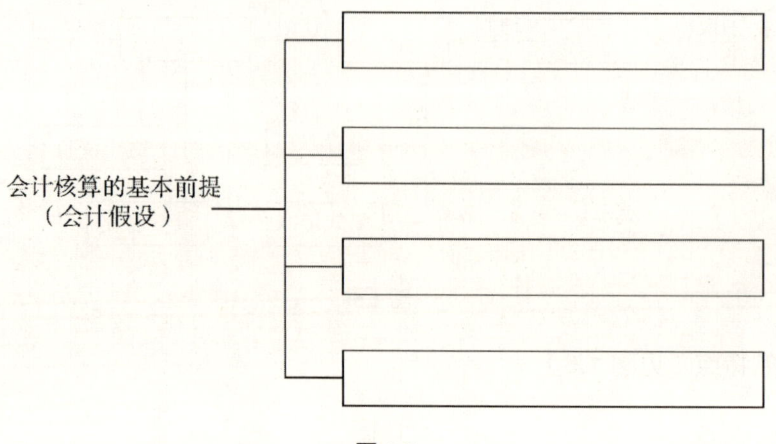

图 1.7

11. 企业的资金周转过程（见图 1.8）

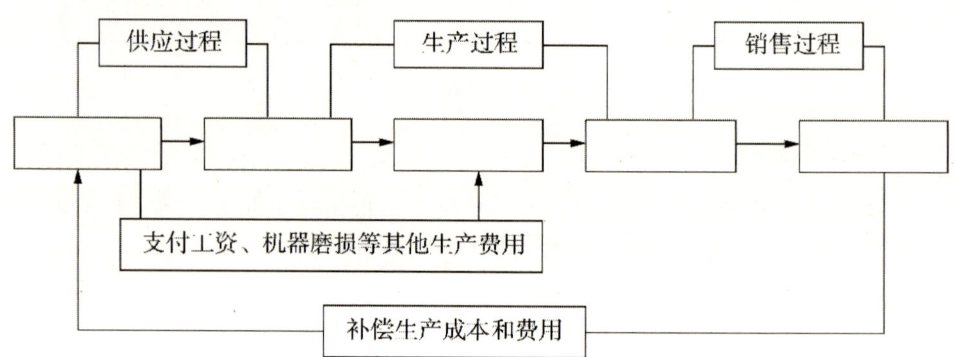

图 1.8

模块 2

会计要素及会计平衡公式实训

模块认知

会计要素是指会计对象的构成部分，是会计对象按经济特征所做的最基本分类，也是会计核算对象的具体化。

反映企业财务状况静态三要素，即资产负债表三要素：资产、负债、所有者权益

反映企业经营成果动态三要素，即利润表三要素：收入、费用、利润

一个企业的资产和权益（负债和所有者权益）实际上是同一资金的两个不同方面，是从资金的占用形式和来源两个不同角度观察与分析的结果。有一定数额的资产，就有一定数额的权益；反之，有一定数额的权益，就有一定数额的资产。资产和权益这种相互依存的关系，决定了一个企业的资产总额与权益总额在数量上必定相等，由此得出会计平衡公式如下。

资产 = 负债 + 所有者权益

本模块重点

1. 掌握会计六大要素。
2. 掌握会计平衡公式。

实训 2.1　会计要素实训

课前热身

1. 什么是会计要素？企业会计要素与事业单位会计要素分别是什么？
2. 反映企业财务状况的会计要素有哪些？反映企业经营成果的会计要素有哪些？

实训要求

1. 熟练掌握资产、负债、所有者权益的构成内容和识别方法。

2. 掌握收入、费用和利润的构成内容与识别方法。

3. 了解资产、负债、所有者权益、收入、费用和利润等各会计要素的基本特征及相互关系。

实训资料

（1）华龙实业有限责任公司 2019 年 3 月 31 日资产、负债及所有者权益状况如表 2.1 所示。

要求：判断表内资料中各项目的类别（资产、负债、所有者权益），并将各项目金额填入相应栏目。

表 2.1　　华龙实业有限责任公司资产、负债及所有者权益状况

2019 年 03 月 31 日　　元

序　号	项　目	资　产	负　债	所有者权益
1	车间使用的机器设备 150 000 元			
2	银行存款 220 000 元			
3	应付外单位的货款 5 000 元			
4	投资者投入的资本 750 000 元			
5	尚未缴纳的税金 9 500 元			
6	库存现金 800 元			
7	应收顺达公司货款 45 000 元			
8	库存生产用原材料 235 500 元			
9	运输用的货车 80 000 元			
10	管理部门使用的计算机 12 000 元			
11	预收通达公司购货款 55 000 元			
12	向银行借入的短期借款 150 000 元			
13	暂付采购员差旅费 5 000 元			
14	应付给职工的薪酬 12 500 元			
15	购入的交易性金融资产 25 000 元			
16	正在装配中的产品 38 000 元			
17	生产甲产品的专利权 650 000 元			
18	公司提取的盈余公积 16 400 元			
19	本月实现的利润 70 000 元			
20	已完工入库的产成品 35 900 元			
21	购入乙公司 1 年期的债券 32 000 元			

（2）练习会计要素的划分。

要求：用直线连接有关项目所归属的会计要素。

项　目	会计要素
① 实收资本	A．资产
② 使用费收入	
③ 管理费用	B．负债
④ 应收账款	
⑤ 商标权	C．所有者权益
⑥ 投资净收益	
⑦ 应付工资	D．收入
⑧ 盈余公积	E．费用
⑨ 应付债务	
⑩ 长期债权投资	F．利润

实训 2.2　会计平衡公式实训

课前热身

1. 会计平衡公式及其作用。
2. 经济业务对会计平衡关系的影响。

实训要求

1. 掌握会计平衡公式及其变化。
2. 掌握不同经济业务的发生对会计平衡公式的影响。

实训资料

（1）填列表 2.2 空格中的数据。

表 2.2　会计平衡公式　元

序　号	资　产	负　债	所有者权益
1	250 000	78 000	
2	1 265 000		1 117 000
3		170 000	558 000

（2）华龙实业有限责任公司 2019 年 4 月 30 日的资产负债表显示资产总计 575 000 元，负债总计 312 000 元，所有者权益总计 263 000 元。该公司 2019 年 5 月份发生经济业务如下。

① 用银行存款购入全新机器一台，价值 30 000 元。

② 投资者投入原材料，价值 10 000 元。

③ 以银行存款偿还所欠供应单位账款 5 000 元。

④ 收到购货单位所欠账款 8 000 元，送存银行。

⑤ 将一笔长期借款 50 000 元转化为对本企业的投资。

⑥ 按规定将 20 000 元资本公积金转增资本金。

要求：

① 根据 2019 年 5 月份发生的经济业务分析对会计要素情况的影响。

② 计算 2019 年 5 月份华龙实业有限责任公司的资产总额、负债总额和所有者权益总额，并将结果填入表 2.3。

表 2.3　　经济业务对会计要素的影响　　元

会计要素项目及数量关系	资产 575 000	负债 312 000	所有者权益 263 000
①			
②			
③			
④			
⑤			
⑥			
5 月末金额			

模块 *3*

账户与复式记账实训

模块认知

账户是根据会计科目设置的，具有一定的格式和结构，用于分类反映会计要素增减变动情况及其结构的载体。设置账户是会计核算的重要方法之一，复式记账以资产与权益的平衡关系为记账基础。

复式记账是每一项经济业务都要在两个或两个以上相互联系的账户中同时平行登记，以系统地反映资金运动变动结果的一种记账方法。本模块既是基础会计课程的重要部分，也是会计核算方法中最基本的部分。

学好这一模块可以为以后各模块的学习打下坚实的基础。因此，本模块中采用各种方法使学生进一步了解资产、负债、所有者权益的概念及平衡关系，以牢固地掌握复式记账的基本原理。

本模块重点

1. 会计科目与账户的区别。
2. 借贷记账法的具体应用。
3. 试算平衡表的编制。

实训 *3.1*　会计科目与账户实训

课前热身

1. 复习会计平衡公式。
2. 思考为什么要设置会计科目，以及掌握科目与账户的区别。

实训要求

1. 分析企业资金的取得渠道，进而掌握会计平衡公式。
2. 根据提供的经济业务资料，了解、分析经济业务涉及的会计科目及账户。
3. 总结会计科目在会计核算中的意义。

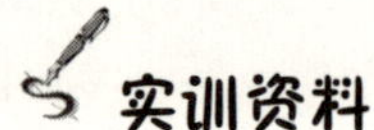

实训资料

（1）华龙实业有限责任公司 2019 年 6 月份的经济业务如下。

① 购入 A 原材料一批。款项尚未支付。

② 用银行存款支付办公费。

③ 用银行存款支付前欠 A 材料货款。

④ 收到外资企业的投入资金。存入银行。

⑤ 用银行存款购入生产设备一台。

⑥ 企业向银行借入 6 个月期限的短期借款。

⑦ 企业开出现金支票一张，从银行提取现金备用。

⑧ 企业销售库存商品。收到货款存入银行。

要求：根据资料涉及的内容确定会计科目及账户。

（2）华龙实业有限责任公司资产、负债、所有者权益资料如表 3.1 所示。

表 3.1　资产、负债、所有者权益资料　元

序　号	资料内容	金　额	资　产	负　债	所有者权益	会计科目
1	存在银行的款项	620 000				
2	厂房、办公楼	1 000 000				
3	生产产品耗用 A 材料	400 000				
4	财务部门的库存现金	2 000				
5	接受外单位的投资	500 000				
6	采购员预借的差旅费	1 000				
7	库存已完工的产品	54 000				
8	购入产品的专利权	100 000				
9	前欠某单位的货款	200 000				
10	按税后利润提取盈余公积	75 000				

要求：

① 根据资料内容按顺序号确定资产、负债、所有者权益，把“√”填入相应栏目内。

② 根据资料内容，确定会计科目并填入相应空格内。

实训 3.2　复式记账及借贷记账法实训

课前热身

1. 复习会计六要素的内容及会计核算方法。
2. 举例说明会计平衡公式的基本原理。
3. 复习复式记账法的概念、理论依据和种类。

实训要求

1. 根据提供的经济业务资料，分析经济业务的具体情况，找出与之对应的账户。
2. 根据复式记账的原理，采用借贷记账法进行账务处理。
3. 根据已完成的经济业务进行试算平衡，编制平衡表。

小知识

以下 5 种情况也能试算平衡。
① 漏记某项经济业务。
② 重记某项经济业务。
③ 经济业务记错有关账户。
④ 经济业务颠倒记账方向。
⑤ 偶然发生多记、少记的情况并相互抵销。

实训资料

（1）根据表 3.2 所示的资料填写会计科目并标明借贷方向。

表 3.2　经济业务资料

经济业务	会计科目及账户	借　方	贷　方
① 购进材料 10 000 元。以银行存款支付			
② 用现金 80 元支付材料运费			
③ 收回前欠货款 5 000 元。存入银行			
④ 从银行提取 1 000 元备用			
⑤ 以存款购汽车一辆 50 000 元			
⑥ 购买甲商品 60 000 元。以存款支付			
⑦ 将盈余公积 10 000 元转增资本			
⑧ 从银行借入短期借款 20 000 元			
⑨ 用现金 200 元购买办公用品			
⑩ 从银行提取现金 20 000 元。备发工资			
⑪ 接受外商投资 100 000 元			
⑫ 用现金 200 000 元捐赠灾区			

（2）华龙实业有限责任公司 2019 年 7 月份发生的经济业务如下。
① 接受国家投入资金 300 000 元并存入银行。
② 以银行存款支付前欠购货款 20 000 元。
③ 从银行提取现金 18 000 元准备发放工资。
④ 以现金 18 000 元支付职工工资。

⑤ 销售商品一批，货款 50 000 元尚未收到。

⑥ 采购员出差，预借差旅费 2 000 元。以现金支付。

⑦ 采购材料一批，价值 40 000 元。货款未付。

⑧ 从银行借入短期借款 100 000 元并存入银行。

⑨ 用现金 100 元购买办公用品。

⑩ 用存款支付广告费 9 600 元。

要求：根据以上经济业务编制会计分录。

（3）华龙实业有限责任公司 2019 年 8 月份发生的经济业务如下。

① 1 日，从银行提取现金 500 元备用。

② 4 日，采购员预借差旅费 300 元。以现金支付。

③ 8 日，采购员报销差旅费 280 元。退回 20 元现金。

④ 10 日，用银行存款 10 000 元归还短期借款。

⑤ 14 日，购入原材料 15 000 元。用银行存款支付 5 000 元，其余尚未支付。

⑥ 18 日，生产产品领用原材料 10 000 元。

⑦ 20 日，收回前欠货款 3 000 元。存入银行。

⑧ 23 日，经批准将盈余公积 20 000 元转增资本。

⑨ 25 日，以存款 3 000 元支付广告费。

⑩ 30 日，以银行存款支付本月增值税 5 000 元。

要求：编制会计分录并开设 T 形账户进行发生额试算平衡，并完成表 3.3。

表 3.3 **发生额试算平衡**

年 月 日 元

会计科目	借方发生额	贷方发生额

（4）华龙实业有限责任公司 2019 年 9 月份的期初余额如表 3.4 所示。

表 3.4 **华龙实业有限责任公司 2019 年 9 月份期初余额** 元

资　产	期初余额	负债及所有者权益	期初余额
库存现金	1 000	短期借款	20 000
银行存款	100 000	应付账款	70 000
原材料	60 000	长期借款	60 000
应收账款	29 000	实收资本	430 000
固定资产	400 000	盈余公积	10 000
合　计	590 000	合　计	590 000

该公司 9 月份发生的经济业务如下。

① 国家投入流动资金 1 500 000 元。款项存入银行。

② 收到利源公司捐赠的设备 1 台，价值 90 000 元。

③ 收到红发公司投入的专利权 1 项，价值 50 000 元。

④ 从银行取得借款 500 000 元，期限 6 个月。所借款项存入银行。

⑤ 从银行取得借款 3 000 000 元，期限 3 年。所借款项存入银行。

⑥ 购入材料 20 吨，货款 20 000 元。款项尚未支付。

⑦ 从银行提取现金 46 000 元。备发工资。

⑧ 以现金 46 000 元发放工资。

⑨ 采购员出差预借差旅费 1 000 元。以现金支付。

⑩ 采购员报销差旅费 820 元，退回现金 180 元。

要求：

① 根据上述业务编制会计分录。

② 将会计分录记入有关账户。

③ 根据账户记录编制发生额及余额试算平衡表，如表 3.5 所示。

表 3.5　　**发生额及余额试算平衡表**

年　月　日　　元

账户名称	期初余额		本期发生额		期末余额	
	借　方	贷　方	借　方	贷　方	借　方	贷方

老师，实现三栏的平衡关系，就一定证明账户记录绝对正确吗？为什么？

模块 4 会计凭证实训

模块认知

会计凭证既是记录经济业务、明确经济责任的书面证明，也是登记账簿的依据。任何一项经济业务的发生，都必须有真凭实据，必须由具体经办业务的有关人员填制有关会计凭证，并经相关人员严格审核无误后，才能作为登记账簿的依据。会计凭证在会计核算中居于基础地位，是会计核算的起点。

通过本模块的学习，应了解会计凭证的意义和作用，明确会计凭证的种类，掌握原始凭证的填制和审核，掌握记账凭证的编制及科目汇总的方法。

本模块重点

1. 原始凭证的填制和审核。
2. 记账凭证的编制。
3. 科目汇总表的编制。

实训 4.1　原始凭证实训

课前热身

1. 学生事先收集各种原始凭证。
2. 思考实际工作中发生的各项经济业务最初是以何种形式反映的，应由哪些人员办理何种凭证手续。

实训要求

1. 熟悉原始凭证的基本内容。
2. 根据资料填制空白原始凭证。
3. 根据资料对所填制的原始凭证进行审核。

实训资料

华龙实业有限责任公司 2019 年 10 月份发生的经济业务如下。

（1）2 日，签发现金支票，从银行提取 4 000 元备用金。由出纳人员填写现金支票。其相关原始凭证如表 4.1 所示。

表 4.1

<table>
<tr><td>中国工商银行
现金支票存根
XIV 00021539

附加信息______
______
______
______
出票日期　年　月　日
收款人：
金　额：
用　途：
单位主管　　会计</td>
<td>中国工商银行　现金支票　　XIV 00021539
出票日期（大写）　年　月　日　　付款行名称：
收款人：　　出票人账号：
本支票付款期限十天
<table>
<tr><td rowspan="2">人民币
（大写）</td><td>亿</td><td>千</td><td>百</td><td>十</td><td>万</td><td>千</td><td>百</td><td>十</td><td>元</td><td>角</td><td>分</td></tr>
<tr><td></td><td></td><td></td><td></td><td></td><td></td><td></td><td></td><td></td><td></td><td></td></tr>
</table>
用途______
上列款项请从
我账户内支付

出票人签章　　复核　　记账</td></tr>
</table>

小知识

支票这类原始凭证日期的书写应大写。在填写月、日时，月份为壹、贰和壹拾月的，日期为壹至玖日和壹拾、贰拾及叁拾日的，在其前应加“零”；日期为拾壹至拾玖日的，在其前应加“壹”。

（2）3 日，供应科李天杨到南京办理采购业务，预借差旅费 3 000 元，以现金支付。由借款人填写借款单。其相关原始凭证如表 4.2 所示。

表 4.2

借　款　单

年　月　日　　No.00408

<table>
<tr><td rowspan="2">借款单位</td><td rowspan="2"></td><td rowspan="2">姓名</td><td rowspan="2"></td><td rowspan="2">级别</td><td rowspan="2"></td><td>出差地点</td><td></td></tr>
<tr><td>天　数</td><td></td></tr>
<tr><td>事由</td><td colspan="2"></td><td>借款金额</td><td colspan="4">（大写）　　¥______</td></tr>
<tr><td rowspan="2">实际报
销金额</td><td colspan="2" rowspan="2"></td><td>结余金额</td><td>¥______</td><td colspan="3" rowspan="3">注意事项：
一、凡借用公款必须使用本单
二、出差返回后三日内结算
三、第三联为正式借据</td></tr>
<tr><td>超支金额</td><td>¥______</td></tr>
<tr><td colspan="5">收款单位

公章　　经办人：　　年　月　日</td></tr>
</table>

第三联　借据

（3）5 日，收到北京玉安公司交来的转账支票一张，金额为 81 900 元，用以支付前欠货款，出纳员当日将支票送存开户银行，并由会计人员填写银行进账单。北京玉安公司银行账号 200911232587636；开户银行：中国工商银行北京市新岭分理处；支票号：984326542154237229。其相关原始凭证如表 4.3 所示。

表 4.3

中国工商银行 进 账 单（回单） **3**

年 月 日

<table>
<tr><td rowspan="3">出票人</td><td>全 称</td><td colspan="2"></td><td rowspan="3">收款人</td><td>全 称</td><td colspan="11"></td><td rowspan="6">此联是收款人开户银行交给收款人的收账通知</td></tr>
<tr><td>账 号</td><td colspan="2"></td><td>账 号</td><td colspan="11"></td></tr>
<tr><td>开户银行</td><td colspan="2"></td><td>开户银行</td><td colspan="11"></td></tr>
<tr><td rowspan="2">金额</td><td colspan="5" rowspan="2">人民币
（大写）</td><td>亿</td><td>千</td><td>百</td><td>十</td><td>万</td><td>千</td><td>百</td><td>十</td><td>元</td><td>角</td><td>分</td></tr>
<tr><td></td><td></td><td></td><td></td><td></td><td></td><td></td><td></td><td></td><td></td><td></td></tr>
<tr><td colspan="4">票据种类   票据张数</td><td colspan="13" rowspan="3">收款人开户银行签章</td></tr>
<tr><td colspan="4">票据号码</td></tr>
<tr><td colspan="4">复核   记账</td></tr>
</table>

（4）6 日，收到 A 材料一批 2 000 kg，单价 50 元，发生运输费 400 元，材料如数验收入库。由仓库保管员填写收料单。其相关原始凭证如表 4.4 所示。

表 4.4

收 料 单

供应单位：

材料科目： 发票号码：

材料类别： 年 月 日 收料仓库：

<table>
<tr><td rowspan="3">材料名称</td><td rowspan="3">规格</td><td rowspan="3">计量单位</td><td colspan="2">数 量</td><td colspan="6">实际成本</td></tr>
<tr><td rowspan="2">应 收</td><td rowspan="2">实 收</td><td colspan="2">买 价</td><td rowspan="2">运输费</td><td rowspan="2">其 他</td><td rowspan="2">合 计</td><td rowspan="2">单位成本</td></tr>
<tr><td>单 价</td><td>金 额</td></tr>
<tr><td></td><td></td><td></td><td></td><td></td><td></td><td></td><td></td><td></td><td></td><td></td></tr>
<tr><td></td><td></td><td></td><td></td><td></td><td></td><td></td><td></td><td></td><td></td><td></td></tr>
<tr><td></td><td></td><td></td><td></td><td></td><td></td><td></td><td></td><td></td><td></td><td></td></tr>
<tr><td>合 计</td><td></td><td></td><td></td><td></td><td></td><td></td><td></td><td></td><td></td><td></td></tr>
</table>

（5）7 日，将当日销货款 5 500 元现金送存开户银行，券种为 100 元 50 张、50 元 10 张。由出纳员填写现金交款单。其相关原始凭证如表 4.5 所示。

（6）9 日，采购员李天杨出差归来，报销差旅费 3 200 元。由出差人员填写差旅费报销单，支付现金 200 元，由会计人员开具收据。其相关原始凭证如表 4.6 所示。

表 4.5

中国工商银行

券种明细

券种	张数	现金缴款单 缴款日期 年 月 日			本次交款情况记录 多款 已退回 少款 已补收	
壹佰元						
伍拾元						
贰拾元		交款单位	全 称		账 号	
拾元			开户银行		款项来源	
伍元		人民币（大写）			百 十 万 千 百 十 元 角 分	
壹元						

第二联 由银行盖章后退回单位

表 4.6

收款凭证

附件 张

年 月 日

兹由（交款人）__________
交 来 __________
人民币（大写）__________ ¥______
会计主管人员（签章）
交款人（或单位） （签章） 出纳人收讫（签章）

第二联 此联收入机关留凭以作记账凭证

（7）10 日，当日现金清查，账面金额 1 990 元，实际金额 1 960 元，短款 30 元，原因待查。由会计人员填写现金清查盘点报告表。其相关原始凭证如表 4.7 所示。

表 4.7

现金清查盘点报告表

年 月 日

账面余额	实存金额	清查结果		说 明
		盘 盈	盘 亏	

（8）12 日，以现金 710 元购买办公用品，由会计人员填写现金支出凭单。其相关原始凭证如表 4.8 所示。

表 4.8

现金支出凭单

附件 张 年 月 日 第 号

用款事项：__________
人民币（大写）：__________ ¥______
收款人（签章） 主管人员（签章） 会计人员（签章） 出纳员付讫（签章）

（9）15 日，向北京蔚蓝公司预付 A 材料货款 90 000 元。北京蔚蓝公司账号：000672975491574；汇入地址：北京市王府井大街 366 号；开户行：中国建设银行北京市分行。由会计人员填写汇款凭证。其相关原始凭证如表 4.9 所示。

表 4.9

中国工商银行　信汇凭证（回单）　　1

委托日期　　年　月　日

汇款人	全　称		收款人	全　称	
	账　号			账　号	
	汇出地点	省　市		汇入地点	省　市
汇出行名称			汇入行名称		
金额	人民币（大写）				亿 千 百 十 万 千 百 十 元 角 分
		汇出行盖章	支付密码		

此联是汇出行给汇款人的回单

（10）13 日，汇总本月领料明细：A 材料单价 50 元，B 材料单价 40 元；生产甲产品领用 A 材料 7 000 kg，B 材料 3 000 kg；生产乙产品领用 A 材料 4 000 kg，B 材料 3 000 kg；车间一般耗用 B 材料 500 kg；厂部领用 A 材料 1 000 kg。由相关人员填写领料凭证汇总表。其相关原始凭证如表 4.10 所示。

表 4.10

领料凭证汇总表

年　月　日　　　　元

用　途	材料种类	实际成本
合　计		

（11）14 日，出纳员签发现金支票，提取 3 000 元备用金。其相关原始凭证如表 4.11 所示。会计人员对其进行审核。

表 4.11

中国工商银行 现金支票存根 XIV 00021540 附加信息 出票日期 2019年10月14日 收款人：华龙实业有限责任公司 金　额：3000.00元 用　途：备用金 单位主管　　会计	本支票付款期限十天	**中国工商银行　现金支票**　　XIV 00021540 出票日期（大写）贰零壹玖年壹拾月壹拾肆日　　付款行名称：（略） 收款人：华龙实业有限责任公司　　出票人账号：（略） 人民币（大写）叁仟元整　　亿 千 百 十 万 千 百 十 元 角 分：¥ 3 0 0 0 0 0 用途备用金 上列款项请从 我账户内支付 出票人签章 复核　　记账

（12）16 日，收到北京云鼎公司交来的转账支票一张，金额为 566 800 元，用以支付前欠货款。出纳人员填写进账单，将支票存入开户银行。北京云鼎公司账号：236592810656622；开户行：中国建设银行北京市分行。其相关原始凭证如表 4.12 所示。会计人员对其进行审核。

表 4.12　　中国工商银行 进 账 单（收账通知）　　**3**

2019 年 10 月 16 日

<table>
<tr><td rowspan="3">出票人</td><td>全　称</td><td>北京云鼎公司</td><td rowspan="3">收款人</td><td>全　称</td><td colspan="11">华龙实业有限责任公司</td></tr>
<tr><td>账　号</td><td>236592810656622</td><td>账　号</td><td colspan="11">201310001988630135</td></tr>
<tr><td>开户银行</td><td>中国建设银行北京市分行</td><td>开户银行</td><td colspan="11">中国工商银行北京市红星分理处</td></tr>
<tr><td rowspan="2">金额</td><td rowspan="2">人民币（大写）</td><td colspan="3" rowspan="2">⊗伍拾陆万陆仟捌佰元整</td><td>亿</td><td>千</td><td>百</td><td>十</td><td>万</td><td>千</td><td>百</td><td>十</td><td>元</td><td>角</td><td>分</td></tr>
<tr><td></td><td></td><td>¥</td><td>5</td><td>6</td><td>6</td><td>8</td><td>0</td><td>0</td><td>0</td><td>0</td></tr>
<tr><td colspan="2">票据种类</td><td>转账支票　票据张数　1</td><td colspan="13" rowspan="3">

收款人开户银行签章</td></tr>
<tr><td colspan="2">票据号码</td><td>96</td></tr>
<tr><td colspan="3">复核　　记账</td></tr>
</table>

此联是收款人开户银行交给收款人的收账通知

（13）17 日，收到 A 材料 10 000 kg，单价 50 元。其相关原始凭证如表 4.13 所示。会计人员对其进行审核。

表 4.13

收　料　单

供应单位：
材料科目：　　　　发票号码：
材料类别：　　2019 年 10 月 17 日　　收料仓库：

<table>
<tr><td rowspan="3">材料名称</td><td rowspan="3">规　格</td><td rowspan="3">计量单位</td><td colspan="2">数　量</td><td colspan="6">实际成本/元</td></tr>
<tr><td rowspan="2">应　收</td><td rowspan="2">实　收</td><td colspan="2">买价</td><td rowspan="2">运输费</td><td rowspan="2">其他</td><td rowspan="2">合　计</td><td rowspan="2">单位成本</td></tr>
<tr><td>单　价</td><td>金　额</td></tr>
<tr><td>A 材料</td><td></td><td>kg</td><td>10000</td><td>10000</td><td>50.00</td><td>500000</td><td></td><td></td><td>500000</td><td>50.00</td></tr>
<tr><td></td><td></td><td></td><td></td><td></td><td></td><td></td><td></td><td></td><td></td><td></td></tr>
<tr><td></td><td></td><td></td><td></td><td></td><td></td><td></td><td></td><td></td><td></td><td></td></tr>
<tr><td>合　计</td><td></td><td></td><td>10000</td><td>10000</td><td></td><td>500000</td><td></td><td></td><td>500000</td><td>50.00</td></tr>
</table>

（14）19 日，以现金 300 元购买办公用品。其相关原始凭证如表 4.14 所示。会计人员对其进行审核。

表 4.14

现金支出凭单

附件 1 张　　2019 年 10 月 19 日　　第 99 号

用款事项：购买办公用品

人民币（大写）：叁佰元整　　¥300.00

收款人（签章）　主管人员（签章）　会计人员（签章）　现金付讫　出纳员付讫（签章）

实训 4.2 记账凭证实训

课前热身

1. 复习会计科目的设置。
2. 复习借贷记账法。
3. 练习识别原始凭证。

实训要求

1. 根据资料识别原始凭证。
2. 根据原始凭证编制记账凭证。
3. 根据资料对编制的记账凭证进行审核。

实训资料

华龙实业有限责任公司 2019 年 11 月份发生的经济业务如下。

（1）1 日，签发现金支票提取 2 000 元备用金。其相关原始凭证如表 4.15 所示。会计人员根据现金支票存根编制记账凭证。

表 4.15

中国工商银行
现金支票存根
XVI00021541

附加信息

出票日期：2019 年 11 月 01 日

收款人：	华龙实业有限责任公司
金　额：	¥2000.00
用　途：	备用金

单位主管　　会计

（2）3 日，采购员田大为前往长春采购，预借差旅费 2 000 元，以现金支付。其相关原始凭证如表 4.16 所示。会计人员根据借款单编制记账凭证。

表 4.16

借　款　单

2019 年 11 月 03 日　　No.06

<table>
<tr><td>借款单位</td><td>供应科</td><td>姓名</td><td>田大为</td><td>级别</td><td>采购员</td><td>出差地点</td><td>长春</td></tr>
<tr><td></td><td></td><td></td><td></td><td></td><td></td><td>天数</td><td></td></tr>
<tr><td>事由</td><td>采购</td><td>借款金额</td><td colspan="5">（大写）贰仟元整　　¥2000.00</td></tr>
<tr><td rowspan="2">实际报销金额</td><td rowspan="2"></td><td>结余金额</td><td>¥</td><td colspan="4" rowspan="3">注意事项：
1. 凡借用公款必须使用本单
2. 出差返回后三日内结算
3. 第三联为正式借据</td></tr>
<tr><td>超支金额</td><td>¥</td></tr>
<tr><td colspan="4">收款单位公章　　经办人：　　2019 年 11 月 03 日</td></tr>
</table>

第三联　借据

（3）5 日，上缴税金。其相关原始凭证如表 4.17 和表 4.18 所示。会计人员根据缴款书编制记账凭证。

表 4.17

电子缴库专用缴款书

2019 年 11 月 05 日　　（2019）北京市税务局：№1200023

□已申报　　申报序号：

<table>
<tr><td>纳税人计算机代码</td><td colspan="2"></td><td>征收机关代码</td><td></td></tr>
<tr><td>纳税人名称</td><td colspan="2">华龙实业有限责任公司</td><td>征收机关名称</td><td></td></tr>
<tr><td>付款人名称</td><td colspan="2">华龙实业有限责任公司</td><td>收款国库名称</td><td></td></tr>
<tr><td>付款人开户银行名称</td><td colspan="2">中国工商银行北京市红星分理处</td><td>国库清算行</td><td></td></tr>
<tr><td>付款人账号</td><td colspan="2">201310001988630135</td><td></td><td></td></tr>
<tr><td>纳税项目代码</td><td>课税数量</td><td colspan="2">计税金额</td><td>实缴税额</td></tr>
<tr><td>增值税</td><td></td><td colspan="2"></td><td>58500</td></tr>
<tr><td></td><td></td><td colspan="2"></td><td></td></tr>
<tr><td></td><td></td><td colspan="2"></td><td></td></tr>
<tr><td></td><td></td><td colspan="2"></td><td></td></tr>
<tr><td colspan="4">金额合计（大写）：⊗伍万捌仟伍佰元整</td><td>合计（小写）¥58500.00</td></tr>
<tr><td>财务机关
（章）</td><td>税务机关
（章）</td><td colspan="2">中国工商银行北京市红星分理处 2019.11.05 转 模拟 讫
银行
记账员　盖章</td><td>备注：</td></tr>
</table>

表 4.18

电子缴库专用缴款书

（2019）北京市税务局：№1200024

□已申报　　2019年11月05日　　申报序号：

纳税人计算机代码		征收机关代码	
纳税人名称	华龙实业有限责任公司	征收机关名称	
付款人名称	华龙实业有限责任公司	收款国库名称	
付款人开户银行名称	中国工商银行北京市红星分理处	国库清算行	
付款人账户	201310001988630135		
纳税项目代码	课税数量	计税金额	实缴税额
城市维护建设税 100200		58500.00	4095.00
教育费附加税　700300		58500.00	1755.00
金额合计（大写）：⊗伍仟捌佰伍拾元整			¥5850.00
付款人　盖章 经办人（章）	税务机关 （章）	银行 记账员　盖章	备注：

（4）7日，购入B材料5 000 kg，单价40元。增值税税率为13%，材料入库，签发转账支票付款。其相关原始凭证如表4.19～表4.21所示。会计人员根据增值税专用发票、收料单和转账支票存根编制记账凭证。

表 4.19

收　料　单

材料科目：　　　　供应单位：

材料类别：　　　　发票号码：

2019年11月07日　　收料仓库：

材料名称	规　格	计量单位	数　量		实际成本/元					
			应　收	实　收	买　价		运输费	其他	合　计	单位成本
					单　价	金　额				
B材料		kg	5000	5000	40.00	200000			200000	40.00
合　计			5000	5000		200000			200000	40.00

表 4.20

北京增值税专用发票

1100005411　　　　　　　　　　　　　　№ 00230680

发　票　联　　　　开票日期：2019 年 11 月 07 日

购买方	名　　称：华龙实业有限责任公司 纳税人识别号：91110115582861102F 地 址、电 话：北京市大兴区南五环路 208 号 开户行及账号：中国工商银行北京市红星分理处 2013100019886301 35				密码区	（略）	
货物或应税劳务、服务名称	规格型号	单位	数量	单价	金额	税率	税额
B 材料		kg	5000	40.00	200000.00	13%	26000.00
合　计					¥200000.00		¥26000.00
价税合计（大写）	⊗贰拾贰万陆仟元整				（小写）¥226000.00		
销售方	名　　称：北京新华公司 纳税人识别号：911100006102879317 地 址、电 话：北京市人民大街 98 号 开户行及账号：中国建设银行北京市大商分理处 201390060540663398				备注	北京新华公司 911101153401345596 发票专用章	

第二联：发票联 购买方记账凭证

收款人：潘宇新　　　复核：　　　开票人：华爽　　　销售方（章）：

表 4.21

中国工商银行
转账支票存根
XVI52100025

附加信息

出票日期：2019 年 11 月 07 日

收款人：北京新华公司
金　额：¥226000.00
用　途：货款

单位主管　　　　会计

（5）11 日，向北京太玉公司销售甲产品 100 件，单价 700 元，增值税税率为 13%。收到北京太玉公司转账支票金额 79 100 元，当日送存开户行。其相关原始凭证如表 4.22 和表 4.23 所示。会计人员根据增值税专用发票和进账单编制记账凭证。

表 4.22

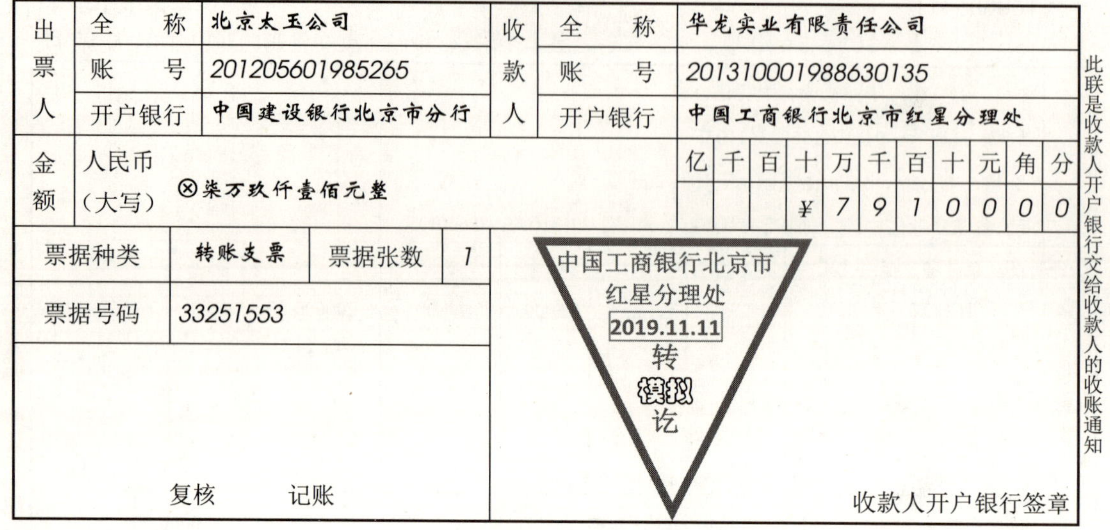

中国工商银行 进 账 单（收账通知） **3**

2019年11月11日

出票人	全　称	北京太玉公司	收款人	全　称	华龙实业有限责任公司
	账　号	201205601985265		账　号	201310001988630135
	开户银行	中国建设银行北京市分行		开户银行	中国工商银行北京市红星分理处
金额	人民币（大写）	⊗柒万玖仟壹佰元整		亿千百十万千百十元角分	¥ 7 9 1 0 0 0 0
票据种类	转账支票	票据张数	1		
票据号码	33251553				
复核　记账				收款人开户银行签章	

此联是收款人开户银行交给收款人的收账通知

表 4.23

北京增值税专用发票

1100061650　　　　北　京　　记　账　联　　　　№ 32269981

开票日期：2019年11月11日

购买方	名　　称：北京太玉公司 纳税人识别号：911101061105635459 地　址、电　话：北京市西关路589号 开户行及账号：中国建设银行北京市分行 201205601985265				密码区	（略）	
货物或应税劳务、服务名称	规格型号	单位	数量	单价	金额	税率	税额
甲产品		件	100	700.00	70000.00	13%	9100.00
合　计					¥70000.00		¥9100.00
价税合计（大写）	⊗柒万玖仟壹佰元整				（小写）¥79100.00		
销售方	名　　称：华龙实业有限责任公司 纳税人识别号：91110115582861102F 地　址、电　话：北京市大兴区南五环路208号 开户行及账号：中国工商银行北京市红星分理处 201310001988630135				备注	华龙实业有限责任公司 91110115582861102F 发票专用章	

收款人：杜丽　　复核：　　开票人：王群　　销售方（章）：

第三联：记账联　销售方记账凭证

（6）15日，银行转来收账通知，收到上海九合公司前欠货款70 500元。其相关原始凭证如表4.24所示。会计人员根据托收凭证收账通知编制记账凭证。

表 4.24

托收凭证（收账通知） 4

委托日期 2019 年 11 月 12 日

业务类型	委托收款（☑ 邮划、☐电划） 托收承付（☐ 邮划、☐ 电划）					
付款人 全称	上海九合公司			收款人 全称	华龙实业有限责任公司	
账号	021000369654213			账号	201310001988630135	
地址	上海市	开户行	中国工商银行上海市北城支行	地址	北京市	开户行 中国工商银行北京市红星分理处
金额	人民币（大写）⊗柒万零伍佰元整				亿千百十万千百十元角分	¥70500000
款项内容	前欠货款	托收凭据名称	欠条		附寄单证张数	1
商品发运情况				合同名称号码		
备注： 复核 记账	款项收妥日期 2019 年 11 月 15 日			中国工商银行北京市红星分理处 2019.11.15 转 模拟 讫 收款人开户银行签章 2019 年 11 月 15 日		

此联收款人开户银行给收款单位的收账通知

（7）22 日，向保定康威公司汇款 200 000 元，用于支付前欠货款。其相关原始凭证如表 4.25 所示。会计人员根据汇款凭证编制记账凭证。

表 4.25

中国工商银行 电汇凭证（回单） 1

☑普通 ☐加急 委托日期 2019 年 11 月 22 日

汇款人 全称	华龙实业有限责任公司	收款人 全称	保定康威公司
账号	201310001988630135	账号	000242499900687
汇出地点	省 北京市/县	汇入地点	河北 省 保定 市/县
汇出行名称	中国工商银行北京市红星分理处	汇入行名称	中国银行保定市支行
金额	人民币（大写）⊗贰拾万元整	亿千百十万千百十元角分	¥20000000
中国工商银行北京市红星分理处 2020.11.22 转 模拟 讫 汇出行盖章		支付密码	
		附加信息及用途：偿还货款 复核 记账	

（8）25 日，从银行取得 2 年期更新改造借款 600 000 元。其相关原始凭证如表 4.26 所示。会计人员根据贷款凭证编制记账凭证。

（9）27 日，采购员田大为报销差旅费。其相关原始凭证如表 4.27 所示。会计人员根据差旅费报销单编制记账凭证。

表 4.26

贷款凭证（3）（回单）

2019 年 11 月 25 日

贷款单位	华龙实业有限责任公司	种类	短期	贷款户账号	201310001988630135
金额	人民币（大写）⊗陆拾万元整			千百十万千百十元角分	¥60000000
用途	更新改造	单位申请期限		自 2019 年 11 月 25 日至 2021 年 11 月 24 日	
		银行核定期限		自 2019 年 11 月 25 日至 2021 年 11 月 24 日	
上述贷款已核准发放贷款。 并已划入你单位账号。 月利率 0.5% 银行签章　　2019 年 11 月 25 日				单位会计分录 收入 付出 复核　记账 主管　会计	

中国工商银行北京市红星分理处 2019.11.25 转 模拟 讫

此联贷款行给贷款人的回单

小知识

《企业会计准则》规定报销差旅费时，如果原始单据不多，可将其直接粘贴在差旅费报销单后；如果原始单据较多，可使用原始凭证粘贴单，粘贴时应分类粘贴，在粘贴单上注明所粘贴单据的张数和合计金额，并由经办人员签字。

表 4.27

差旅费报销单

原派出单位：　　2019 年 11 月 27 日　　单据张数：8 张（略）

事　由：采购　　姓名：田大为　　职务：采购员　　预借款：2000 元　　元

起止日期				地点	车船费	邮电	住勤费			途中标准	伙食补助		合计
月	日	月	日				标准	天数	金额		天数	金额	
11	3	11	27	长春	1100		30	23	690	15	25	375	2165
合计					1100				690			375	2165
人民币（大写）⊗贰仟壹佰陆拾伍元整							应退（补）：165 元						

派出单位领导：　　财务主管：林平　　复核：　　出纳：杜丽

（10）29 日，签发转账支票支付广告费 5 550 元。其相关原始凭证如表 4.28 和表 4.29 所示。会计人员根据收费发票编制记账凭证。

表 4.28

北京增值税专用发票

1100201035 北京 发票联 № 16150625

开票日期：2019 年 11 月 29 日

<table>
<tr><td rowspan="4">购买方</td><td colspan="4">名　　称：华龙实业有限责任公司</td><td rowspan="4">密码区</td><td colspan="3" rowspan="4">（略）</td></tr>
<tr><td colspan="4">纳税人识别号：91110115582861102F</td></tr>
<tr><td colspan="4">地 址、电 话：北京市大兴区南五环路 208 号</td></tr>
<tr><td colspan="4">开户行及账号：中国工商银行北京市红星分理处 201310001988630135</td></tr>
<tr><td colspan="2">货物或应税劳务、服务名称</td><td>规格型号</td><td>单位</td><td>数量</td><td>单价</td><td>金额</td><td>税率</td><td>税额</td></tr>
<tr><td colspan="2">*广告代理服务*广告费</td><td></td><td>项</td><td>1</td><td>5235.85</td><td>5235.85</td><td>6%</td><td>314.15</td></tr>
<tr><td colspan="2">合　计</td><td></td><td></td><td></td><td></td><td>¥5235.85</td><td></td><td>¥314.15</td></tr>
<tr><td colspan="2">价税合计（大写）</td><td colspan="7">⊗伍仟伍佰伍拾元整　　　（小写）¥5550.00</td></tr>
<tr><td rowspan="4">销售方</td><td colspan="4">名　　称：北京一新广告公司</td><td rowspan="4">备注</td><td colspan="3" rowspan="4">3 月 29 日至 4 月 9 日
黄金时段每日两次播放</td></tr>
<tr><td colspan="4">纳税人识别号：911101025604026579</td></tr>
<tr><td colspan="4">地 址、电 话：北京西城区灵净胡同甲 155 号</td></tr>
<tr><td colspan="4">开户行及账号：中国工商银行北京西单支行 62205134998806984551</td></tr>
</table>

收款人：王新　　复核：　　开票人：李华　　销售方（章）：

第二联：发票联　购买方记账凭证

表 4.29

中国工商银行
转账支票存根
XVI52100027

附加信息

出票日期：2019 年 11 月 29 日

收款人：北京一新广告公司
金　额：¥5550.00
用　途：广告费

单位主管　　会计

（11）30 日，计提固定资产折旧 90 000 元。其中，车间 70 000 元、管理部门 20 000 元。其相关原始凭证如表 4.30 所示。会计人员根据折旧费计提表编制记账凭证。

表 4.30

折旧费计提表

2019 年 11 月 30 日　　元

项　目	生产车间	企业管理部门	减　值	合　计
折旧费	70000	20000		90000

（12）30日，结转完工产品成本800 000元。其相关原始凭证如表4.31所示。会计人员根据产成品入库单编制记账凭证。

表4.31

产成品入库单

2019年11月30日 元

产品名称	单位	数量	单价	金额
甲产品	件	1000	600	600000
乙产品	件	400	500	200000
合计				800000

（13）30日，汇总本月领料257 000元。其相关原始凭证如表4.32所示。会计人员根据领料汇总表编制记账凭证。

表4.32

领料汇总表

2019年04月30日 元

用途	材料种类	实际成本
甲产品耗用	A材料	60000
	B材料	48000
乙产品耗用	A材料	120000
	B材料	24000
车间一般耗用	B材料	2000
厂部领用	A材料	3000
合计		257000

（14）30日，结转本月产品销售成本420 000元。其相关原始凭证如表4.33和表4.34所示。会计人员根据出库单编制记账凭证。

表4.33

出库单

2019年11月30日 字第1号

编号	06	名称	甲产品	规格		数量	400							
计量单位	件	单价	600.00	金额	亿	千	百	十	万	千	百	十	元	角	分
							¥	2	4	0	0	0	0	0	0
用途及摘要	销售														
仓库意见		领料人	销售科												

表4.34

出库单

2019年11月30日 字第2号

编号	07	名称	乙产品	规格		数量	300							
计量单位	件	单价	600.00	金额	亿	千	百	十	万	千	百	十	元	角	分
							¥	1	8	0	0	0	0	0	0
用途及摘要	销售														
仓库意见		领料人	销售科												

实训 4.3　记账凭证汇总表实训

课前热身

1. 熟悉会计科目核算内容及科目顺序。
2. 复习试算平衡的方法。

实训要求

1. 根据资料分析经济业务。
2. 根据记账凭证按月编制科目汇总表。

华龙实业有限责任公司 2020 年 4 月份发生的经济业务如下。

（1）1 日，购入 B 材料 2 000 kg，单价 40 元，计价款 80 000 元，增值税税额 10 400 元。材料入库，用银行存款支付。相关记账凭证如表 4.35 所示。

表 4.35

记 账 凭 证

2020 年 04 月 01 日

总号 1
分号

摘　要	一级科目	二级科目及明细	借方金额	贷方金额	√
购入材料	材料采购	B 材料	80000		
	应交税费	应交增值税（进项税）	10400		
	银行存款			90400	
合　计			90400	90400	

附单据 3 张

会计主管：林平　　记账：　　稽核：　　制单：王芳

（2）2 日，收到丁公司支付的前欠货款 46 800 元，存入开户行。相关记账凭证如表 4.36 所示。

表 4.36

记 账 凭 证

2020 年 04 月 02 日

总号 2
分号

摘　要	一级科目	二级科目及明细	借方金额	贷方金额	√
收回货款	银行存款		46800		
	应收账款	丁企业		46800	
合　计			46800	46800	

附单据 1 张

会计主管：林平　　记账：　　稽核：　　制单：王芳

（3）3日，以存款100 000元支付广告费。相关记账凭证如表4.37所示。

表4.37

记 账 凭 证

2020年04月03日　　总号 3　分号

摘　要	一级科目	二级科目及明细	借方金额	贷方金额	√
支付广告费	销售费用	广告费	100000		
	银行存款			100000	
合　计			100000	100000	

附单据2张

会计主管：林平　　记账：　　稽核：　　制单：王芳

（4）5日，以存款26 000元上缴税金。相关记账凭证如表4.38所示。

表4.38

记 账 凭 证

2020年04月05日　　总号 4　分号

摘　要	一级科目	二级科目及明细	借方金额	贷方金额	√
上缴税金	应交税费		26000		
	银行存款			26000	
合　计			26000	26000	

附单据1张

会计主管：林平　　记账：　　稽核：　　制单：王芳

（5）7日，以存款向乙企业预付购货款90 000元。相关记账凭证如表4.39所示。

表4.39

记 账 凭 证

2020年04月07日　　总号 5　分号

摘　要	一级科目	二级科目及明细	借方金额	贷方金额	√
预付货款	预付账款	乙企业	90000		
	银行存款			90000	
合　计			90000	90000	

附单据1张

会计主管：林平　　记账：　　稽核：　　制单：王芳

（6）9日，从银行取得9个月期限的生产周转借款50 000元，存入开户行。相关记账凭证如表4.40所示。

表 4.40

记 账 凭 证

2020 年 04 月 09 日

总号　6
分号

摘　要	一级科目	二级科目及明细	借方金额	贷方金额	√
取得贷款	银行存款		50000		
	短期借款			50000	
合　计			50000	50000	

附单据 1 张

会计主管：林平　　记账：　　稽核：　　制单：王芳

（7）10 日，以存款 70 200 元支付前欠 R 企业货款。相关记账凭证如表 4.41 所示。

表 4.41

记 账 凭 证

2020 年 04 月 10 日

总号　7
分号

摘　要	一级科目	二级科目及明细	借方金额	贷方金额	√
偿还货款	应付账款	R 企业	70200		
	银行存款			70200	
合　计			70200	70200	

附单据 1 张

会计主管：林平　　记账：　　稽核：　　制单：王芳

（8）12 日，以存款 99 000 元支付由企业承担的社保基金。相关记账凭证如表 4.42 所示。

表 4.42

记 账 凭 证

2020 年 04 月 12 日

总号　8
分号

摘　要	一级科目	二级科目及明细	借方金额	贷方金额	√
支付社保基金	管理费用	社保基金	99000		
	银行存款			99000	
合　计			99000	99000	

附单据 2 张

会计主管：林平　　记账：　　稽核：　　制单：王芳

（9）13 日，以存款 250 000 元购入设备一台，交付车间使用。相关记账凭证如表 4.43 所示。

表 4.43

记账凭证

总号 9
分号

2020年04月13日

摘要	一级科目	二级科目及明细	借方金额	贷方金额	√
购设备	固定资产	设备	250000		
	银行存款			250000	
合计			250000	250000	

附单据3张

会计主管：林平　　记账：　　稽核：　　制单：王芳

（10）15日，向W企业销售乙产品500件，单价800元，增值税税率为13%。收到W企业签发并承兑的商业汇票，金额452 000元，期限6个月。相关记账凭证如表4.44所示。

表 4.44

记账凭证

总号 10
分号

2020年04月15日

摘要	一级科目	二级科目及明细	借方金额	贷方金额	√
销售产品	应收票据		452000		
	主营业务收入			400000	
	应交税费	增值税（销项税）		52000	
合计			452000	452000	

附单据2张

会计主管：林平　　记账：　　稽核：　　制单：王芳

编制科目汇总表时，首先，根据分录凭证编制T形账户，将本期各会计科目的发生额一一记入有关账户；然后，计算各个账户的本期借方发生额与贷方发生额合计数；最后，将此发生额合计数填入科目汇总表与有关科目相对应的“本期发生额”栏，并将所有会计科目本期借方发生额与贷方发生额进行合计，借贷相等后一般说明无误，可用以登记总账。

模块 5 会计账簿实训

模块认知

会计账簿是由具有一定格式、互有联系的账页组成的以会计凭证为依据，用以全面、系统、分类地记录各项会计要素增减变动情况的簿籍（册）。会计账簿按用途分类，可以分为序时账簿、分类账簿和备查账簿；按外表形式分类，可以分为订本式账簿、活页式账簿和卡片式账簿。

为保证账簿记录的合法性和账簿资料的完整性，要做到以下几点。

1. 必须根据审核无误的记账凭证及所附的各种原始凭证记账。对于每一项经济业务，一方面要在有关的总账中进行总括登记，另一方面要在有关的明细账中进行明细登记，两者登记的期间必须相同。记入某一总账及其所属的明细账时，方向必须相同。记入某一总账的金额必须与记入各有关明细账中的金额之和相等。

2. 记账时必须用蓝黑墨水，只有在结账、改错和冲账等情况下，才能使用红色墨水。账簿应保持整洁，文字及数字书写要规范、清楚、整齐。摘要应简明扼要，数字应写在金额线内，不得越位、错位，数字和文字的大小一般占书写行的 1/2。

3. 各种账簿必须按照编定号码顺序连续登记，不得隔页、跳行。每登记满一账页，应在该页最末一行加计本页发生额及余额，并在“摘要”栏内注明“转次页”。同时，在下一页的首行记入上页加计的发生额及余额，并在“摘要”栏内注明“承前页”，以便对账和结账。

4. 会计账簿一经记账，便是会计档案。如果发现差错，则应根据具体情况，按更正错账的方法进行更改，不得刮擦、挖补、涂改或用褪色药水更改字迹，以防篡改和舞弊。

实训 5.1 账簿的意义和种类实训

课前热身

1. 企业设置账簿的意义。
2. 企业设置的账簿按不同标准的分类。

实训要求

1. 根据资料要求为企业选择记录经济业务的账簿。
2. 能够准确登记各类账簿。

实训资料

华龙实业有限责任公司是一家从事工业生产的企业，是增值税一般纳税人，主要采用 A、B、C、D 原材料生产甲、乙、丙、丁 4 种产品。以下是一般企业常用的几种账簿，其相关原始凭证基本样式如表 5.1 至表 5.6 所示。作为企业的财务工作人员，应怎样根据实际需要做出选择？

1．日记账

表 5.1

日记账（三栏式）

第　页

年		凭证		摘要	借方	贷方	借或贷	余额	核对
月	日	种类	号数						

2．总分类账

表 5.2

总分类账（三栏式）

第　页

年		凭证		摘要	对应科目	借方	贷方	余额
月	日	种类	编号					

3．明细分类账——三栏式

表 5.3

明细分类账

总第　页
分第　页
编号　页

户名：

年		凭证		摘要	借方金额	贷方金额	借或贷	余额	√
月	日	字	号						

4．明细分类账——多栏式

表 5.4

明细分类账

户 名：　　　　　　　　　　　　　　　　　　　　　　　　　　　　　　　　计量：

年		凭证		摘　要	借方（项目）				合计	贷　方	余　额
月	日	字	号								

5．明细分类账——数量金额式

表 5.5

数量金额明细账

分页：_______总页：_______　　　　　　　　　　　　　　　　　　　　　最高存量：_______

类别：______编号、名称：______规格：______计量单位：______存放地点：______最低存量：_______

年		凭　证		摘　要	收　入			支　出			结　存		
月	日	种类	号数		数量	单价	金额	数量	单价	金　额	数量	单价	金额

6．备查账簿

表 5.6

应收票据备查登记簿

总第　　页

分第　　页

年		凭证		摘要	合同		票据基本情况				承兑人及单位名称	背书人及单位名称	贴　现		承　兑		转　让		
月	日	字	号		字	号	号码	签发日期	到期日期	金额			日期	净额	日期	金额	日期	受理单位	票面金额	实收金额

知识巩固：将上述几种账簿的序号填入下列相应的括号内。

① 按照经济业务发生时间的先后顺序逐日逐笔连续登记的账簿是（　　）。

② 用于分类记录单位的全部交易或事项，提供总括核算资料的账簿是（　　）。

③ 债权债务的日常明细记录一般采用（　　）。

④ 对库存商品、原材料等存货进行详细记录的账簿是（　　）。

⑤ 对生产成本、管理费用等多成本费用构成项目详细记录的账簿是（　　）。

⑥ 对现金、银行存款逐日逐笔登记的账簿是（　　）。

⑦ 一般情况下不需要根据记账凭证登记的账簿是（　　）。

⑧ 必须采用订本式账簿的是（　　）。

⑨ 任何会计主体都必须设置的账簿有（　　）。

⑩ 根据记账凭证汇总表或科目汇总表登记的账簿是（　　）。

账簿的格式多种多样，不同格式的账簿所包括的具体内容也不尽一致，但各种主要账簿都应具备的基本内容是封面、扉页和账页。账页是记录具体经济业务的载体，其格式因记录经济业务内容的不同而有所不同。

实训 5.2　账簿的设置和登记实训

课前热身

1. 账簿的格式有哪几种？
2. 经济业务发生后，需要登记什么账簿？各种账簿的设置和登记方法是怎样的？

实训要求

1. 根据资料要求为企业选择记录经济业务的账簿。
2. 根据收款凭证和付款凭证，逐日逐笔登记现金日记账和银行存款日记账。
3. 根据记账凭证，登记应收账款、应付账款、原材料和库存商品明细账。
4. 根据记账凭证，分旬定期编制记账凭证汇总表。
5. 根据编制的记账凭证汇总表登记相关总账。

实训资料

华龙实业有限责任公司采用 A、B、C、D 原材料生产甲、乙、丙、丁 4 种产品。原材料计量单位为 kg，A 材料单价 20 元，B 材料单价 40 元；产品计量单位为件。甲产品成本 500 元，售价 800 元，乙产品成本 600 元，售价 900 元。2020 年 12 月初有关账户的期初余额及其他相关原始凭证如表 5.7 至表 5.57 所示。

表 5.7　　相关账户期初余额表　　元

账户名称	数　量	借方金额	账户名称	贷方余额
库存现金		5 000	应付账款——京华厂	70 200
银行存款		1 800 000	应付账款——佳义厂	117 000
应收账款——华西厂		234 000		
应收账款——华东厂		175 500		
原材料——A 材料	6 000 kg	120 000		
原材料——B 材料	7 000 kg	280 000		
库存商品——甲产品	2 000 件	1 000 000		
库存商品——乙产品	3 000 件	1 800 000		

表 5.8

记账凭证

2020年12月01日　　凭证编号：0001

摘要	总账科目	明细科目	借方金额	贷方金额
收回华东厂前欠货款	银行存款		117000	
	应收账款	华东厂		117000
合计			117000	117000

附单据　张

会计主管：林平　记账：　出纳：杜丽　审核：　制证：

表 5.9

记账凭证

2020年12月01日　　凭证编号：0002

摘要	总账科目	明细科目	借方金额	贷方金额
购入原材料未付款	原材料	A材料	30000	
	应交税费	应交增值税（进项税）	3900	
	应付账款	京华厂		33900
合计			33900	33900

附单据　张

会计主管：林平　记账：　稽核：　制单：王芳

表 5.10

记账凭证

2020年12月02日　　凭证编号：0003

摘要	总账科目	明细科目	借方金额	贷方金额
销售甲产品	银行存款		723200	
	主营业务收入	甲产品		640000
	应交税费	应交增值税（销项税）		83200
合计			723200	723200

附单据3张

会计主管：林平　记账：　出纳：杜丽　审核：　制证：

表 5.11

记账凭证

2020年12月02日　　凭证编号：0004

摘要	总账科目	明细科目	借方金额	贷方金额
结转销售成本	主营业务成本		400000	
	库存商品	甲产品		400000
合计			400000	400000

附单据2张

会计主管：林平　记账：　稽核：　制单：王芳

表 5.12

记 账 凭 证

2020年12月03日　　　　凭证编号：0005

摘　要	总账科目	明细科目	借方金额	贷方金额
销售产品	应收账款	华东厂	904000	
	主营业务收入	甲产品		800000
	应交税费	应交增值税（销项税）		104000
合　计			904000	904000

附单据2张

会计主管：林平　　记账：　　稽核：　　制单：王芳

表 5.13

记 账 凭 证

2020年12月03日　　　　凭证编号：0006

摘　要	总账科目	二级科目及明细	借方金额	贷方金额
结转销售成本	主营业务成本		500000	
	库存商品	甲产品		500000
合　计			500000	500000

附单据2张

会计主管：林平　　记账：　　稽核：　　制单：王芳

表 5.14

记 账 凭 证

2020年12月03日　　　　凭证编号：0007

摘　要	一级科目	二级科目及明细	借方金额	贷方金额
生产领料	生产成本	基本生产成本（直接材料）	80000	
	原材料	A材料		40000
	原材料	B材料		40000
合　计			80000	80000

附单据1张

会计主管：林平　　记账：　　稽核：　　制单：王芳

表 5.15

记 账 凭 证

2020年12月03日　　　　凭证编号：0008

摘　要	一级科目	二级科目及明细	借方金额	贷方金额
购买办公用品	管理费用		80	
	库存现金			80
合　计			80	80

附单据1张

会计主管：林平　　记账：　　出纳：杜丽　　审核：　　制证：

表 5.16

记 账 凭 证

2020 年 12 月 04 日　　凭证编号：0009

摘　要	一级科目	二级科目及明细	借方金额	贷方金额
销售乙产品	应收账款	华东厂	1017000	
	主营业务收入	乙产品		900000
	应交税费	应交增值税（销项税）		117000
合　计			1017000	1017000

附单据 2 张

会计主管：林平　　记账：　　稽核：　　制单：王芳

表 5.17

记 账 凭 证

2020 年 12 月 04 日　　凭证编号：0010

摘　要	一级科目	二级科目及明细	借方金额	贷方金额
结转销售成本	主营业务成本		600000	
	库存商品	乙产品		600000
合　计			600000	600000

附单据 2 张

会计主管：林平　　记账：　　稽核：　　制单：王芳

表 5.18

记 账 凭 证

2020 年 12 月 05 日　　凭证编号：0011

摘　要	一级科目	二级科目及明细	借方金额	贷方金额
产品入库	库存商品	甲产品	500000	
	库存商品	乙产品	300000	
	生产成本	甲产品		500000
	生产成本	乙产品		300000
合　计			800000	800000

附单据 2 张

会计主管：林平　　记账：　　稽核：　　制单：王芳

表 5.19

记 账 凭 证

2020 年 12 月 05 日　　凭证编号：0012

摘　要	一级科目	二级科目及明细	借方金额	贷方金额
从银行提取现金	库存现金		8000	
	银行存款			8000
合　计			8000	8000

附单据 1 张

会计主管：林平　　记账：　　出纳：杜丽　　审核：　　制证：

表 5.20

记账凭证

2020年12月05日　　凭证编号：0013

摘要	一级科目	二级科目及明细	借方金额	贷方金额
发放临时工人工资	应付职工薪酬	临时工人工资	8000	
	库存现金			8000
合计			8000	8000

附单据 1 张

会计主管：林平　记账：　出纳：杜丽　审核：　制证：

表 5.21

记账凭证

2020年12月07日　　凭证编号：0014

摘要	一级科目	二级科目及明细	借方金额	贷方金额
购买生产设备一台	固定资产	生产设备	80000	
	银行存款			80000
合计			80000	80000

附单据 1 张

会计主管：林平　记账：　出纳：杜丽　审核：　制证：

表 5.22

记账凭证

2020年12月07日　　凭证编号：0015

摘要	一级科目	二级科目及明细	借方金额	贷方金额
偿还上期购货款	应付账款	京华厂	70200	
	银行存款			70200
合计			70200	70200

附单据 1 张

会计主管：林平　记账：　出纳：杜丽　审核：　制证：

表 5.23

记账凭证

2020年12月07日　　凭证编号：0016

摘要	一级科目	二级科目及明细	借方金额	贷方金额
肖玉出差预借差旅费	其他应收款	肖玉	3000	
	库存现金			3000
合计			3000	3000

附单据 1 张

会计主管：林平　记账：　出纳：杜丽　审核：　制证：

表 5.24

记 账 凭 证

2020 年 12 月 08 日　　　　凭证编号：0017

摘　要	一级科目	二级科目及明细	借方金额	贷方金额
生产领料	生产成本	基本生产成本（直接材料）	180000	
	原材料	A 材料		60000
	原材料	B 材料		120000
合　计			180000	180000

附单据 2 张

会计主管：林平　　记账：　　稽核：　　制单：王芳

表 5.25

记 账 凭 证

2020 年 12 月 12 日　　　　凭证编号：0018

摘　要	一级科目	二级科目及明细	借方金额	贷方金额
销售乙产品	银行存款		2034000	
	主营业务收入	乙产品		1800000
	应交税费	应交增值税（销项税）		234000
合　计			2034000	2034000

附单据 3 张

会计主管：林平　　记账：　　出纳：杜丽　　审核：　　制证：

表 5.26

记 账 凭 证

2020 年 12 月 12 日　　　　凭证编号：0019

摘　要	一级科目	二级科目及明细	借方金额	贷方金额
结转销售成本	主营业务成本		1200000	
	库存商品	乙产品		1200000
合　计			1200000	1200000

附单据 2 张

会计主管：林平　　记账：　　稽核：　　制单：王芳

表 5.27

记 账 凭 证

2020 年 12 月 15 日　　　　凭证编号：0020

摘　要	一级科目	二级科目及明细	借方金额	贷方金额
产品入库	库存商品	甲产品	400000	
	生产成本	甲产品		400000
合　计			400000	400000

附单据 2 张

会计主管：林平　　记账：　　稽核：　　制单：王芳

表 5.28

记账凭证

2020年12月15日　　凭证编号：0021

摘　要	一级科目	二级科目及明细	借方金额	贷方金额
购入原材料A	原材料	A材料	40000	
	应交税费	应交增值税（进项税）	5200	
	银行存款			45200
合　计			45200	45200

附单据3张

会计主管：林平　记账：　出纳：杜丽　审核：　制证：

表 5.29

记账凭证

2020年12月15日　　凭证编号：0022

摘　要	一级科目	二级科目及明细	借方金额	贷方金额
从银行提取现金	库存现金		5000	
	银行存款			5000
合　计			5000	5000

附单据1张

会计主管：林平　记账：　出纳：杜丽　审核：　制证：

表 5.30

记账凭证

2020年12月15日　　凭证编号：0023

摘　要	一级科目	二级科目及明细	借方金额	贷方金额
支付广告费	销售费用	广告费	8000	
	银行存款			8000
合　计			8000	8000

附单据1张

会计主管：林平　记账：　出纳：杜丽　审核：　制证：

表 5.31

记账凭证

2020年12月16日　　凭证编号：0024

摘　要	一级科目	二级科目及明细	借方金额	贷方金额
偿还上期购货款	应付账款	佳义厂	117000	
	银行存款			117000
合　计			117000	117000

附单据1张

会计主管：林平　记账：　出纳：杜丽　审核：　制证：

表 5.32

记 账 凭 证

2020 年 12 月 17 日　　　　凭证编号：0025

摘　要	一级科目	二级科目及明细	借方金额	贷方金额
产品入库	库存商品	乙产品	600000	
	生产成本	乙产品		600000
合　计			600000	600000

附单据 1 张

会计主管：林平　　记账：　　稽核：　　制单：王芳

表 5.33

记 账 凭 证

2020 年 12 月 17 日　　　　凭证编号：0026

摘　要	一级科目	二级科目及明细	借方金额	贷方金额
购入原材料未付款	原材料	B 材料	80000	
	应交税费	应交增值税（进项税）	10400	
	应付账款	京华厂		90400
合　计			90400	90400

附单据 2 张

会计主管：林平　　记账：　　稽核：　　制单：王芳

表 5.34

记 账 凭 证

2020 年 12 月 18 日　　　　凭证编号：0027

摘　要	一级科目	二级科目及明细	借方金额	贷方金额
产品入库	库存商品	甲产品	200000	
	库存商品	乙产品	300000	
	生产成本	甲产品		200000
	生产成本	乙产品		300000
合　计			500000	500000

附单据 2 张

会计主管：林平　　记账：　　稽核：　　制单：王芳

表 5.35

记 账 凭 证

2020 年 12 月 18 日　　　　凭证编号：0028

摘　要	一级科目	二级科目及明细	借方金额	贷方金额
销售甲产品	银行存款		904000	
	主营业务收入	甲产品		800000
	应交税费	应交增值税（销项税）		104000
合　计			904000	904000

附单据 1 张

会计主管：林平　　记账：　　出纳：杜丽　　审核：　　制证：

表 5.36

记账凭证

2020年12月18日　　凭证编号：0029

摘　要	一级科目	二级科目及明细	借方金额	贷方金额
结转销售成本	主营业务成本		500000	
	库存商品	乙产品		500000
合　计			500000	500000

附单据2张

会计主管：林平　　记账：　　稽核：　　制单：王芳

表 5.37

记账凭证

2020年12月18日　　凭证编号：0030

摘　要	一级科目	二级科目及明细	借方金额	贷方金额
销售乙产品	银行存款		813600	
	主营业务收入	乙产品		720000
	应交税费	应交增值税（销项税）		93600
合　计			813600	813600

附单据1张

会计主管：林平　　记账：　　出纳：杜丽　　审核：　　制证：

表 5.38

记账凭证

2020年12月18日　　凭证编号：0031

摘　要	一级科目	二级科目及明细	借方金额	贷方金额
结转销售成本	主营业务成本		480000	
	库存商品	乙产品		480000
合　计			480000	480000

附单据2张

会计主管：林平　　记账：　　稽核：　　制单：王芳

表 5.39

记账凭证

2020年12月20日　　凭证编号：0032

摘　要	一级科目	二级科目及明细	借方金额	贷方金额
生产领料	生产成本	基本生产成本（直接材料）	140000	
	原材料	A材料		60000
	原材料	B材料		80000
合　计			140000	140000

附单据2张

会计主管：林平　　记账：　　稽核：　　制单：王芳

表 5.40

记 账 凭 证

2020年12月21日　　凭证编号：0033

摘　要	一级科目	二级科目及明细	借方金额	贷方金额
销售产品	应收账款	华西厂	1220400	
	主营业务收入	乙产品		1080000
	应交税费	应交增值税（销项税）		140400
合　计			1220400	1220400

附单据2张

会计主管：林平　　记账：　　稽核：　　制单：王芳

表 5.41

记 账 凭 证

2020年12月21日　　凭证编号：0034

摘　要	一级科目	二级科目及明细	借方金额	贷方金额
结转销售成本	主营业务成本		720000	
	库存商品	乙产品		720000
合　计			720000	720000

附单据2张

会计主管：林平　　记账：　　稽核：　　制单：王芳

表 5.42

记 账 凭 证

2020年12月23日　　凭证编号：0035

摘　要	一级科目	二级科目及明细	借方金额	贷方金额
产品入库	库存商品	甲产品	500000	
	库存商品	乙产品	900000	
	生产成本	甲产品		500000
	生产成本	乙产品		900000
合　计			1400000	1400000

附单据2张

会计主管：林平　　记账：　　稽核：　　制单：王芳

表 5.43

记 账 凭 证

2020年12月24日　　凭证编号：0036

摘　要	一级科目	二级科目及明细	借方金额	贷方金额
销售产品	应收账款	华东厂	904000	
	主营业务收入	甲产品		800000
	应交税费	应交增值税（销项税）		104000
合　计			904000	904000

附单据2张

会计主管：林平　　记账：　　稽核：　　制单：王芳

表 5.44

记账凭证

2020年12月24日　　凭证编号：0037

摘要	一级科目	二级科目及明细	借方金额	贷方金额
结转销售成本	主营业务成本		500000	
	库存商品	甲产品		500000
合计			500000	500000

附单据2张

会计主管：林平　记账：　稽核：　制单：王芳

表 5.45

记账凭证

2020年12月24日　　凭证编号：0038

摘要	一级科目	二级科目及明细	借方金额	贷方金额
购入原材料	原材料	B材料	60000	
	应交税费	应交增值税（进项税）	7800	
	银行存款			67800
合计			67800	67800

附单据3张

会计主管：林平　记账：　出纳：杜丽　审核：　制证：

表 5.46

记账凭证

2020年12月25日　　凭证编号：0039

摘要	一级科目	二级科目及明细	借方金额	贷方金额
支付水电费	管理费用	水电费	6000	
	制造费用	水电费	20000	
	银行存款			26000
合计			26000	26000

附单据3张

会计主管：林平　记账：　出纳：杜丽　审核：　制证：

表 5.47

记账凭证

2020年12月25日　　凭证编号：0040

摘要	一级科目	二级科目及明细	借方金额	贷方金额
缴纳房产税、车船税等	管理费用	房产税、车船税	1500	
	银行存款			1500
合计			1500	1500

附单据2张

会计主管：林平　记账：　出纳：杜丽　审核：　制证：

表 5.48

记 账 凭 证

2020 年 12 月 25 日　　　　凭证编号：0041

摘　要	一级科目	二级科目及明细	借方金额	贷方金额
收回华西厂前欠货款	银行存款	华西厂	117000	
	应收账款			117000
合　计			117000	117000

附单据 2 张

会计主管：林平　　记账：　　出纳：杜丽　　审核：　　制证：

表 5.49

记 账 凭 证

2020 年 12 月 25 日　　　　凭证编号：0042

摘　要	一级科目	二级科目及明细	借方金额	贷方金额
报销差旅费返还现金	库存现金		800	
	其他应收账款	肖玉		800
合　计			800	800

附单据 2 张

会计主管：林平　　记账：　　出纳：杜丽　　审核：　　制证：

表 5.50

记 账 凭 证

2020 年 12 月 26 日　　　　凭证编号：0043

摘　要	一级科目	二级科目及明细	借方金额	贷方金额
产品入库	库存商品	甲产品	500000	
	库存商品	乙产品	900000	
	生产成本	甲产品		500000
	生产成本	乙产品		900000
合　计			1400000	1400000

附单据 2 张

会计主管：林平　　记账：　　稽核：　　制单：王芳

表 5.51

记 账 凭 证

2020 年 12 月 26 日　　　　凭证编号：0044

摘　要	一级科目	二级科目及明细	借方金额	贷方金额
购买办公用品	管理费用	办公费	120	
	库存现金			120
合　计			120	120

附单据 1 张

会计主管：林平　　记账：　　出纳：杜丽　　审核：　　制证：

表 5.52

记账凭证

2020年12月26日　　凭证编号：0045

摘要	一级科目	二级科目及明细	借方金额	贷方金额
购入材料	原材料	A材料	30000	
	应交税费	应交增值税（进项税）	3900	
	应付账款	佳义厂		33900
合计			33900	33900

附单据2张

会计主管：林平　记账：　稽核：　制单：王芳

表 5.53

记账凭证

2020年12月26日　　凭证编号：0046

摘要	一级科目	二级科目及明细	借方金额	贷方金额
生产领料	生产成本	基本生产成本（直接材料）	56000	
	原材料	A材料		16000
	原材料	B材料		40000
合计			56000	56000

附单据2张

会计主管：林平　记账：　稽核：　制单：王芳

表 5.54

记账凭证

2020年12月25日　　凭证编号：0047

摘要	一级科目	二级科目及明细	借方金额	贷方金额
出售废旧包装物	库存现金		200	
	其他业务收入			200
合计			200	200

附单据2张

会计主管：林平　记账：　出纳：杜丽　审核：　制证：

表 5.55

记账凭证

2020年12月25日　　凭证编号：0048

摘要	一级科目	二级科目及明细	借方金额	贷方金额
支付购入材料运费	原材料	A材料	372	
	原材料	B材料	558	
	应交税费	应交增值税（进项税）	70	
	银行存款			1000
合计			1000	1000

附单据2张

会计主管：林平　记账：　出纳：杜丽　审核：　制证：

表 5.56

记 账 凭 证

2020 年 12 月 28 日　　　　凭证编号：0049

摘　要	一级科目	二级科目及明细	借方金额	贷方金额
报销差旅费	管理费用		2200	
	其他应收款	肖玉		2200
合　计			2200	2200

附单据 2 张

会计主管：林平　　记账：　　稽核：　　制单：王芳

表 5.57

记 账 凭 证

2020 年 12 月 28 日　　　　凭证编号：0050

摘　要	一级科目	二级科目及明细	借方金额	贷方金额
购入材料	原材料	A 材料	60000	
	应交税费	应交增值税（进项税）	7800	
	应付账款	佳义厂		67800
合　计			67800	67800

附单据 2 张

会计主管：林平　　记账：　　稽核：　　制单：王芳

小知识

各种明细账的登记方法应根据本单位业务量和经营管理的需要，以及所登记经济业务的内容而定。既可以根据原始凭证、汇总原始凭证或记账凭证逐笔登记，也可以根据这些凭证逐日登记或定期汇总登记。

实训 5.3　对账和结账实训

课前热身

1. 账簿之间的核对包括哪些内容？其核对原则是什么？
2. 什么是结账？月结与年结有什么区别？
3. 结账的程序是怎样的？

实训要求

1. 根据实训 5.2 登记的账簿，将现金日记账、银行存款日记账及各明细账与资料中的会计凭证内容进行核对。

2. 根据实训 5.2 登记的账簿，月份终了结出本期发生额及余额后对总账和对应明细账进行账账核对。

3. 根据图 5.1，在对应位置填写对账工作主要内容的名称。

4. 根据图 5.2，将左侧账簿之间的核对与右侧的基本关系原则重新进行对应。

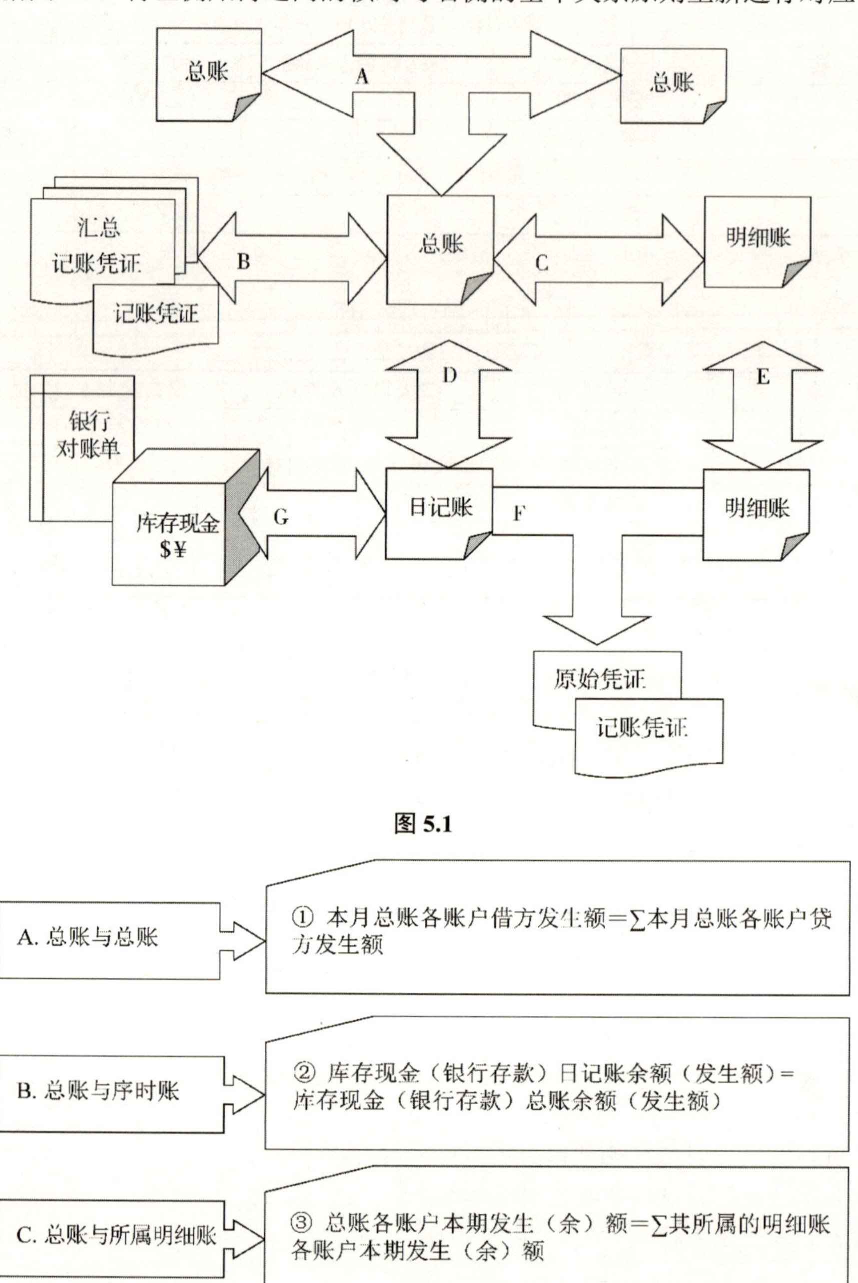

图 5.1

图 5.2

实训资料

1. 根据表 5.58，完成应付账款明细账并进行期末结账。
2. 根据表 5.59，完成生产成本明细账并进行期末结账。

3. 根据表 5.60，完成银行存款日记账内容并进行期末结账。

4. 华龙实业有限责任公司 1 至 9 月主营业务收入累计发生额 18 000 000 元，10 月、11 月主营业务收入累计发生额3 400 000元。根据表5.61，完成主营业务收入明细账并进行期末结账。

5. 根据表 5.62，完成现金总账 12 月份合计，画出年度结账线。

华龙实业有限责任公司 2020 年 11 月、12 月有关账簿资料如下。

表 5.58

应付账款 明细分类账

总第______页
分第______页
编号______页

户名：华龙实业有限责任公司

2020年		凭证		摘要	借方金额	贷方金额	借或贷	余额	√
月	日	字	号						
11	5		9	购入原材料		175500			
	15		26	购入原材料		23400			
	20		38	归还前欠货款	175500				

表 5.59

生产成本 明细分类账

产品名称：甲产品　　　　产量：3200 件

2020年		凭证		摘要	成本项目			
月	日	字	号		直接材料	直接人工	制造费用	合计
12	1			月初余额	80000	20000	12000	
	3		5	生产领用材料	140000			
	13		28	生产领用材料	200000			
	31		50	生产工人工资		90000		
	31		51	分配制造费用			33500	

第 12 页

表 5.60

银行存款 日记账

开户行：________
账　号：________

2020年		凭证		摘要	借方	√	贷方	√	余额
月	日	种类	号数						
12	1			期初余额					600000
	1	银收	1	收到销货款	117000				
	2	银收	2	流动资金借款	30000				
	2	银付	1	购入原材料			23400		
	5	银付	2	偿还货款			58500		
	10	银付	3	支付广告费			5000		

（续表）

2020年		凭证		摘要	借方	√	贷方	√	余额
月	日	种类	号数						
	10	银付	4	提现金备用			5000		
	13	银收	3	收到销货款	70200				
	15	银收	4	收到销货款	93600				
	20	银付	5	交纳保险			6000		
	25	银付	6	购入办公设备			35100		
	28	银付	7	提现金			5000		
	30	银收	5	收到销货款	81600				
				…					

表 5.61

主营业务收入 明细分类账

总第______页
分第______页
编号______页

户名：甲产品

2020年		凭证		摘要	借方金额	贷方金额	借或贷	余额	√
月	日	字	号						
12	5		8	销售收入		640000			
	15		23	销售收入		800000			
	20		31	销售收入		45000			
	25		46	销售收入		160000			

表 5.62

库存现金 总分类账

2020年		凭证		摘要	借方	贷方	借或贷	余额
月	日	种类	号数					
1	1			上年结转			借	500
	10	现汇付	01	汇总1至10日现金付款凭证		80	借	420
	…	…		…				…
1	31			本月合计	5600	5100	借	1000
…		…		…				…
3	31			本月合计	4500	4900		600
…		…		…				…
6	30			本月合计	5200	4900		800
…		…		…				…
9	31			本月合计	4900	4700		580
…		…		…				…
12	1			期初余额				760
	10	现汇收	01	汇总1至10日现金收款凭证	2000			2760
	10	现汇付	01	汇总1至10日现金付款凭证		1500		1260
	20	现汇收	02	汇总10至20日现金收款凭证	1500			2760
	20	现汇付	02	汇总10至20日现金付款凭证		1290		1470
	31	现汇收	03	汇总20至31日现金收款凭证	150			1620
	31	现汇付	03	汇总20至31日现金付款凭证		370		1250

小知识

结计“过次页”的发生额要根据不同账户记录采用不同的方法：对需要按月结计本月发生额的账户，结计“过次页”的合计数，应是从本月初至本页末止的发生额的合计数，这样做便于本月结账时加计“本月合计”数；对需要结计“本年累计发生额”的账户，结计“过次页”的本页合计数应是从年初起至本页末止的累计数，这样做便于年终结账时加计“本年累计”数。结计“过次页”的合计数之后，在下一页第一笔空格“摘要”栏内红字居中注明“承前页”字样，并在发生额或余额栏内填写上页结转数。

实训 5.4　账簿启用规则实训

课前热身

1. 账簿启用的规则是什么？
2. 错账更正的方法有哪些？
3. 如何采用红字冲销法、补充登记法更正错账？

实训要求

1. 根据华龙实业有限责任公司的有关资料，完成表 5.63 所示的账簿启用登记表。
2. 根据表 5.64 的要求，写出登记账簿时各项内容的具体书写规则。
3. 根据实训资料（1），采用正确的方法对错账进行更正。

实训资料

（1）华龙实业有限责任公司 2020 年 1 月 1 日的交易性金融资产明细账为：企业 2020 年共启用账册 13 册，交易性金融资产明细账为第 13 册，账簿共 208 页，企业财务主管为林平，记账会计为高云。账簿启用表如表 5.63 所示。

表 5.63　　账簿启用表

企业名称 ________	账簿名称 ________
账簿册数 ____册，第____册	账簿编号 ________
账簿页数 ________	启用日期 ________
会计主管 ________	记账人员 ________

（2）华龙实业有限责任公司的银行存款日记账如表 5.64 所示。

表 5.64

银行存款 日记账

开户行：__________
账　号：__________

2020年		凭证		摘　要	借　方	√	贷　方	√	余　额
月	日	种类	号数						
12	1			期初余额					600000
	1	银收	1	收到销货款	117000				
	28	银付	7	提现金			5000		
	30	银收	5	收到销货款	81600				
				…					

文字和数字所占空间、位置？

出现空行怎么办？

登记账簿用笔要求？

本页记满如何转下页？

（3）华龙实业有限责任公司本期对部分经济业务进行账证核对时发现如下凭证、账簿记录。

① 12 月 10 日，以银行存款支付广告费 5 000 元。凭证记录如表 5.65 所示。

表 5.65

记 账 凭 证

2020年12月10日　　　　凭证编号：0026

摘　要	一级科目	二级科目及明细	借方金额	贷方金额
支付广告费	销售费用	广告费	5000	
	银行存款			5000
合　计			5000	5000

附单据 3 张

会计主管：林平　　记账：　　出纳：杜丽　　审核：　　制证：

账簿记录如表 5.66 和表 5.67 所示。

表 5.66

银行存款 日记账

第 12 页

2020 年		凭 证		摘 要	借 方	贷 方	借或贷	余 额	核对
月	日	种类	号数						
…		…		…				…	
	10	银付	08	支付广告费		500		280000	
				…				…	

表 5.67

销售费用 明细分类账

总第	页
分第	页
编号	页

户名：销售费用

2020 年		凭 证		摘 要	借方金额	贷方金额	借或贷	余 额	√
月	日	字	号						
12				…				…	
	10			广告费	5000				

② 12 月 13 日，以库存现金 80 元购买办公用品。凭证记录如表 5.68 所示。

表 5.68

记 账 凭 证

2020 年 12 月 10 日　　凭证编号：＿＿＿＿

摘 要	一级科目	二级科目及明细	借方金额	贷方金额
购买办公用品	管理费用	办公用品费	80	
	库存现金			80
合 计			80	80

附单据 3 张

会计主管：林平　　记账：　　出纳：杜丽　　审核：　　制证：

账簿记录如表 5.69 和表 5.70 所示。

表 5.69

银行存款 日记账

第 11 页

2020年		凭证		摘要	借方	贷方	借或贷	余额	核对
月	日	种类	号数						
…		…		…				…	
	13	现付	19	购买办公用品		800		570	
				…				…	

表 5.70

管理费用 明细分类账

户名：管理费用　　计量：

2020年		凭证		摘要	借方（项目）					贷方	余额
月	日	字	号		办公费	工资费	…	…	合计		
				…							
12	10			办公用品	800						

③ 12 月 15 日以银行存款 2 000 元购买生产设备检测工具。凭证记录如表 5.71 所示，账簿记录如表 5.72 和表 5.73 所示。

表 5.71

记 账 凭 证

2020年 12月 15日　　凭证编号：0030

摘要	一级科目	二级科目及明细	借方金额	贷方金额
购买检测工具	周转材料	低值易耗品（检测工具）	2000	
	银行存款			2000
合计			2000	2000

附单据 3 张

会计主管：林平　　记账：　　出纳：杜丽　　审核：　　制证：

表 5.72

银行存款 日记账

第 12 页

2020年		凭证		摘要	借方	贷方	借或贷	余额	核对
月	日	种类	号数						
…		…		…				…	
	15	银付	17	购买检测工具		2000		250000	
				…				…	

表 5.73

原材料 明细账

分页：_____ 总页：_____　　　　最高存量：_____

类别：_____ 编号、名称：_____ 规格：_____ 计量单位：_____ 存放地点：_____ 最低存量：_____

2020 年		凭证		摘要	收入			支出			结存		
月	日	种类	号数		数量	单价	金额	数量	单价	金额	数量	单价	金额
12				…		…	…	…	…	…			
	15			购入	1	2000	…	…					
				…									

④ 12 月 20 日收取××公司包装物押金 2 100 元（现金）。凭证记录如表 5.74 所示，账簿记录如表 5.75 和表 5.76 所示。

表 5.74

记账凭证

2020 年 12 月 15 日　　　　凭证编号：0035

摘要	一级科目	二级科目及明细	借方金额	贷方金额
收取包装物押金	库存现金		2100	
	其他应付款	XX 公司		2100
合计			2100	2100

附单据 3 张

会计主管：林平　记账：　出纳：杜丽　审核：　制证：

总第	页
分第	页
编号	页

表 5.75

其他应付款 明细分类账

户名：XX 公司

2020 年		凭证		摘要	借方金额	贷方金额	借或贷	余额	√
月	日	字	号						
12				…				…	
	20			包装物押金		2100			
				…					

表 5.76

库存现金 日记账

第 11 页

2020 年		凭 证		摘 要	借 方	贷 方	借或贷	余 额	核对
月	日	种类	号数						
…		…		…				…	
	20	现收	18	包装物押金	2100			2800	
				…				…	

模块 6 主要经济业务实训

模块认知

会计平衡原理强调“资产＝负债＋所有者权益”；复式记账原理强调企业发生的每一笔经济业务都要以相等的金额分别在两个或两个以上的账户中平行登记；借贷记账法强调“有借必有贷，借贷必相等”的核算原则。本模块主要以工业企业作为会计核算主体，遵循前面所学的记账原理与记账规则，按照资金在工业企业经营过程中的循环，对工业企业所发生的主要经济业务进行真实演练。通过筹集资金过程、供应过程、生产过程和销售过程，使学生在演练过程中掌握货币资金的取得、货币资金的应用，重点掌握货币资金的循环，即货币资金—储备资金—生产资金—成品资金—货币资金，也即供应过程—生产过程—销售过程，完成一次资金的循环，并且周而复始地循环，以实现企业的会计利润。同时，使学生掌握按会计制度上缴税金，以及进行合理的分配。

实训 6.1 筹集资金实训

课前热身

1. 在会计平衡公式“资产＝权益”中，“权益”是指什么权益？它是如何形成的？
2. 试想企业可以通过哪些渠道筹集资金？

实训要求

1. 分析取得资金的不同方式，并进行准确的会计处理。
2. 掌握借款取得、计提利息、归还本息的核算。
3. 掌握投资者以各种形式投入资产的核算。

实训资料

（1）2020 年 5 月 1 日，华龙实业有限责任公司为了扩大经营规模，接受北京利民公司投入货币资金。其相关原始凭证如表 6.1 和表 6.2 所示。

表 6.1

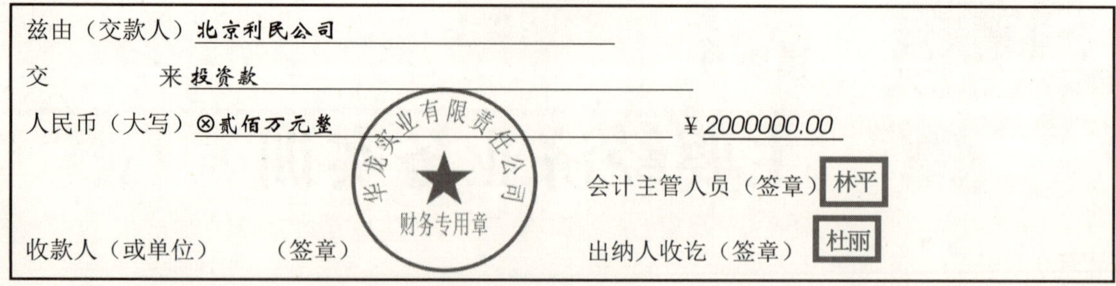

收 款 凭 证

附件　　张　　　　2020 年 05 月 01 日

兹由（交款人）北京利民公司

交　　　来投资款

人民币（大写）⊗贰佰万元整　　　　¥ 2000000.00

会计主管人员（签章）林平

收款人（或单位）　　（签章）　　　出纳人收讫（签章）杜丽

华龙实业有限责任公司 财务专用章

表 6.2

中国工商银行　进 账 单（收账通知）　3

2020 年 05 月 01 日

出票人	全　称	北京利民公司	收款人	全　称	华龙实业有限责任公司
	账　号	201210355567687		账　号	201310001988630135
	开户银行	中国建设银行北京市宣武分理处		开户银行	中国工商银行北京市红星分理处

金额	人民币（大写）⊗贰佰万元整	亿	千	百	十	万	千	百	十	元	角	分
			¥	2	0	0	0	0	0	0	0	0

票据种类	支票	票据张数	1	
票据号码	198			中国工商银行北京市红星分理处 2020.05.01 转 模拟 讫
复核　　记账				收款人开户银行签章

（2）2020 年 5 月 3 日，华龙实业有限责任公司接受北京昌盛有限公司投入机器设备 10 台。其相关原始凭证如表 6.3 所示。

表 6.3

固定资产投资入账单

2020 年 05 月 03 日

投资单位	名　称	北京昌盛有限公司		企业代码									101
	地址、电话	010-83237898		开户银行及账号									中国工商银行北京市分行 201310001988620145
投资名称	计量单位	数　量	单　价	金　额									投资方式
设备	台	10	68500	百	十	万	千	百	十	元	角	分	固定资产投资
价税合计（大写）	⊗陆拾捌万伍仟元整			¥	6	8	5	0	0	0	0	0	
接受单位	名　称	华龙实业有限责任公司		企业代码									128
	地址、电话	北京市大兴区南五环路 208 号		开户银行及账号									中国工商银行北京市红星分理处 201310001988630135

华龙实业有限责任公司 财务专用章

小知识

根据《企业会计准则》的规定，投资者投入固定资产的成本应当按照投资合同或协议约定的价值确定，但合同或协议约定的价值不公允的除外。

（3）2020 年 5 月 5 日，华龙实业有限责任公司接受北京佩新工厂投入 A 材料一批。其相关原始凭证如表 6.4、表 6.5 和表 6.6 所示。

表 6.4

接受投资收据

2020 年 05 月 05 日

投资单位	北京佩新工厂	投资日期	2020 年 05 月 05 日	
投资项目	价值/元	税金/元	投资期限/年	备　注
A 材料	300000	39000	2	
投资金额	人民币（大写）⊗叁拾叁万玖仟元整		¥ 339000.00	

接受单位：（签章）　　　　　制单：

表 6.5

北京增值税专用发票

1100476398　　　　　　　　№ 15630765

发　票　联　　　　　　开票日期：2020 年 05 月 05 日

购买方	名　称：华龙实业有限责任公司 纳税人识别号：91110115582861102F 地 址、电 话：北京市大兴区南五环路208 号 开户行及账号：中国工商银行北京市红星分理处 201310001988630135					密码区	（略）	
货物或应税劳务、服务名称	规格型号	单位	数量	单价	金额	税率	税额	
A 材料		kg	15000	20.00	300000.00	13%	39000.00	
合　计					¥300000.00		¥39000.00	
价税合计（大写）	⊗叁拾叁万玖仟元整				（小写）¥339000.00			
销售方	名　称：北京佩新工厂 纳税人识别号：911101043401345588 地 址、电 话：010-86003558 开户行及账号：中国银行西单支行 000647824398549					备注	北京佩新工厂 911101043401345588 发票专用章	

第二联：发票联　购买方记账凭证

收款人：杨子　　复核：　　开票人：徐丽　　销售方（章）：

表 6.6

收 料 单

供货单位：北京佩新工厂　　　　材料类别：原材料

发票号码：15630765　　　　2020 年 05 月 05 日　　　　材料仓库：2 号

材料名称	单位	数量		实际成本													
		应收	实收	单价	发票价格	运输费	合计										
							亿	千	百	十	万	千	百	十	元	角	分
A 材料	kg	15000	15000	20.00	300000				¥	3	0	0	0	0	0	0	0
备注：			附单据：2 张														

验收人：孙岩　　　　制单人：刘景

（4）2020 年 5 月 6 日，华龙实业有限责任公司收到北京大明公司投入非专利技术。其相关原始凭证如表 6.7 和表 6.8 所示。

表 6.7

接 受 投 资 收 据

2020 年 05 月 06 日

投资单位	北京大明公司	投资日期	2020 年 05 月 06 日	
投资项目	价值/元	税金/元	投资期限/年	备　注
非专利技术	400000		10	
投资金额	人民币（大写）⊗肆拾万元整		¥ 400000.00	

接受单位：（签章）　　　　制单：

表 6.8

才智会计师事务所文件

资产评估报告

华龙实业有限责任公司：

我所受贵公司的委托，依据《中华人民共和国国有资产评估办法》《中华人民共和国注册会计师法》《企业会计制度》等的规定，对贵公司接受北京大明公司投入的非专利技术进行评估，评估价值 400 000 元。

评估员：刘田

注册会计师：林炎

才智会计师事务所

2020 年 05 月 06 日

（5）2020 年 5 月 8 日，华龙实业有限责任公司股东会决议增加资本。其相关原始凭证如表 6.9 所示。

表 6.9

增 资 决 议

经股东会表决通过，决定将资本公积金 600 000 元和盈余公积金 160 000 元转增资本。（办妥相关变更注册手续）

华龙实业有限责任公司

2020 年 05 月 08 日

（6）2020 年 5 月 10 日，华龙实业有限责任公司从银行借入款项。其相关原始凭证如表 6.10 所示。

表 6.10

贷款凭证（3）（收账通知）

2020 年 05 月 10 日

贷款单位	华龙实业有限责任公司	种类	短期	贷款户账号	中国工商银行北京市红星分理处 201310001988630135
金额	人民币（大写）⊗伍拾万元整				千 百 十 万 千 百 十 元 角 分 ¥ 5 0 0 0 0 0 0 0
用途	流动资金周转借款	单位申请期限	自 2020 年 05 月 10 日至 2020 年 10 月 10 日		
		银行核定期限	自 2020 年 05 月 10 日至 2020 年 10 月 10 日		
上述贷款已核准发放贷款。 并已划入你单位账号。 月利率 0.5% 2020 年 05 月 10 日 银行签章 （中国工商银行北京市红星分理处 2020.05.10 转 模拟 讫）					单位会计分录 收入 付出 复核　记账 主管　会计

（7）2020 年 5 月 31 日，华龙实业有限责任公司计提短期借款利息。其相关原始凭证如表 6.11 所示。

表 6.11

预提银行借款利息计算表

2020 年 05 月 31 日　　元

借款种类	金　额	月利率	本月应提利息	备　注
流动资金周转借款	500000	0.5%	2500	500000×0.5%=2500

主管：林平　　记账：高云　　复核：杨柳　　制表：田玉

（8）2020 年 10 月 10 日，华龙实业有限责任公司归还短期借款本息。其相关原始凭证如表 6.12 所示。

表 6.12

代银行转账传票
代银行支款通知
代银行收款通知

特 种 转 账 传 票

字第_____号
报单号码：________

付款行	行号		转账	2020 年 10 月 10 日	收款行	行号		转账	2020 年 10 月 10 日
	行名	中国工商银行				行名	中国工商银行		
付款单位	全　称	华龙实业有限责任公司			收款单位	全　称	中国工商银行北京市红星分理处		
	账　号	201310001988630135				账　号	200001224421469		
人民币（大写）	⊗伍拾壹万贰仟伍佰元整						亿 千 百 十 万 千 百 十 元 角 分 ¥ 5 1 2 5 0 0 0 0		
原凭证金额	¥________		赔偿金	¥	会计分录	（收）____________¥ （收）____________¥ （付）____________¥ （付）____________¥			
原凭证名称			号　码						
转账原因	归还短期借款本金及 5 个月的借款利息（已预提 4 个月利息）								

（中国工商银行北京市红星分理处 2020.10.10 转 模拟 讫）

附件　张

银行公章：　　复核　　记账

（9）2020 年 11 月 1 日，华龙实业有限责任公司从银行贷款，取得 3 年期贷款用于建设厂房，到 11 月底仍未完工。其相关原始凭证如表 6.13 所示。

表 6.13

贷款凭证（3）（收账通知）

2020 年 11 月 01 日

贷款单位	华龙实业有限责任公司	种类	长期	贷款户账号	中国工商银行北京市红星分理处 201310001988630135
金额	人民币（大写）⊗叁佰万元整				千 百 十 万 千 百 十 元 角 分 ¥ 3 0 0 0 0 0 0 0 0
用途	建造厂房	单位申请期限		自 2020 年 11 月 01 日至 2023 年 11 月 01 日	
		银行核定期限		自 2020 年 11 月 01 日至 2023 年 11 月 01 日	
上述贷款已核准发放贷款， 并已划入你单位账号。 年利率 7.5% 银行签章		中国工商银行北京市 红星分理处 2020.11.01 转 模拟 讫 2020 年 11 月 01 日			单位会计分录 收入 付出 复核 记账 主管 会计

（10）2020 年 11 月 30 日，华龙实业有限责任公司计提长期借款利息。其相关原始凭证如表 6.14 所示。

表 6.14

预提银行借款利息计算表

2020 年 11 月 30 日　　　　元

借款种类	金　额	年利率	本月应提利息	备　注
长期借款	3000000	7.5%	18750	厂房建造尚未完工

主管：林平　　记账：高云　　复核：杨柳　　制表：田玉

小知识

对于企业取得分期计息，到期一次归还本金和利息的长期借款，在计提利息时，贷记“长期借款”科目。

（11）假设华龙实业有限责任公司 2021 年 11 月 1 日支付 1 年的长期借款利息。其相关原始凭证如表 6.15 所示。

表 6.15

代银行转账传票
代银行支款通知
代银行收款通知

字第＿＿＿号

报单号码：＿＿＿＿

特 种 转 账 传 票

付款行	行号		转账	2021 年 11 月 01 日	收款行	行号		转账	2021 年 11 月 01 日
	行名	中国工商银行				行名	中国工商银行		
付款单位	全　称	华龙实业有限责任公司			收款单位	全　称	中国工商银行北京市红星分理处		
	账　号	201310001988630135				账　号	200001224421469		

人民币（大写）	⊗贰拾贰万伍仟元整	亿	千	百	十	万	千	百	十	元	角	分
				¥	2	2	5	0	0	0	0	0

附件　张

原凭证金额	¥＿＿＿＿	赔偿金	¥＿＿＿＿	会计分录	（收）＿＿＿＿＿＿¥
原凭证名称		号　码			（收）＿＿＿＿＿＿¥
转账原因	归还长期借款一年的利息 225000 元				（付）＿＿＿＿＿＿¥
					（付）＿＿＿＿＿＿¥

中国工商银行北京市红星分理处 2021.11.01 转 模拟 讫

（12）假设华龙实业有限责任公司长期借款到期归还本金。其相关原始凭证如表 6.16 所示。

表 6.16

代银行转账传票
代银行支款通知
代银行收款通知

字第＿＿＿号

报单号码：＿＿＿＿

特 种 转 账 传 票

付款行	行号		转账	2023 年 11 月 01 日	收款行	行号		转账	2023 年 11 月 01 日
	行名	中国工商银行				行名	中国工商银行		
付款单位	全　称	华龙实业有限责任公司			收款单位	全　称	中国工商银行北京市红星分理处		
	账　号	201310001988630135				账　号	200001224421469		

人民币（大写）	⊗叁佰万元整	亿	千	百	十	万	千	百	十	元	角	分
			¥	3	0	0	0	0	0	0	0	0

附件　张

原凭证金额	¥＿＿＿＿	赔偿金	¥＿＿＿＿	会计分录	（收）＿＿＿＿＿＿¥
原凭证名称		号　码			（收）＿＿＿＿＿＿¥
转账原因	归还长期借款本金 3000000 元				（付）＿＿＿＿＿＿¥
					（付）＿＿＿＿＿＿¥

中国工商银行北京市红星分理处 2023.11.01 转 模拟 讫

银行公章：　　　　复核　　　　记账

实训6.2 供应过程实训

课前热身

1. 在供应过程中企业应重点核算什么成本？其成本由哪些内容组成？
2. 企业在采购材料的过程中，其资金形式如何转换？
3. 企业在采购材料的过程中应缴纳什么税金？

实训要求

1. 正确掌握供应过程材料采购成本的计算。
2. 准确进行采购材料不同支付方式的核算。
3. 认真审核每笔经济业务的原始凭证并准确填制记账凭证，认真进行原材料的明细分类核算。

实训资料

（1）2020年5月3日，华龙实业有限责任公司购入材料。材料尚未运到。其相关原始凭证如表6.17、表6.18和表6.19所示。

表6.17

北京增值税专用发票

（印章：全国统一发票监制章 北京 发票联 国家税务总局监制）

№ 10049977

1100473888

开票日期：2020年05月03日

购买方	名　　称：华龙实业有限责任公司 纳税人识别号：91110115582861102F 地 址、电 话：北京市大兴区南五环路208号 开户行及账号：中国工商银行北京市红星分理处201310001988630135				密码区	（略）		
货物或应税劳务、服务名称	规格型号	单位	数量	单价	金额	税率	税额	
A材料		kg	3000	20.00	60000.00	13%	7800.00	
合　计					¥60000.00		¥7800.00	
价税合计（大写）	⊗陆万柒仟捌佰元整				（小写）¥67800.00			
销售方	名　　称：北京达利工厂 纳税人识别号：911101080108974906 地 址、电 话：北京市西单大街89号 开户行及账号：中国银行西单支行010669260540033304				备注	（印章：北京达利工厂 911101080108974906 发票专用章）		

第二联：发票联 购买方记账凭证

收款人：张新　　复核：　　开票人：刘力　　销售方（章）：

表 6.18

北京增值税专用发票

1100473888　　　　　　　　　　　　　　　　　　　　№ 10049978

发　票　联　　　　　　　　　　　　　　　　　开票日期：2020 年 05 月 03 日

<table>
<tr><td rowspan="4">购买方</td><td colspan="5">名　　称：华龙实业有限责任公司</td><td rowspan="4">密码区</td><td colspan="3" rowspan="4">（略）</td></tr>
<tr><td colspan="5">纳税人识别号：91110115582861102F</td></tr>
<tr><td colspan="5">地 址、电 话：北京市大兴区南五环路 208 号</td></tr>
<tr><td colspan="5">开户行及账号：中国工商银行北京市红星分理处 201310001988630135</td></tr>
<tr><td colspan="2">货物或应税劳务、服务名称</td><td>规格型号</td><td>单位</td><td>数量</td><td>单价</td><td colspan="2">金额</td><td>税率</td><td>税额</td></tr>
<tr><td colspan="2">*运输服务*运输费</td><td></td><td>次</td><td>1</td><td>600.00</td><td colspan="2">600.00</td><td>9%</td><td>54.00</td></tr>
<tr><td colspan="2">合　计</td><td></td><td></td><td></td><td></td><td colspan="2">¥600.00</td><td></td><td>¥54.00</td></tr>
<tr><td colspan="2">价税合计（大写）</td><td colspan="5">⊗陆佰伍拾肆元整</td><td colspan="3">（小写）¥654.00</td></tr>
<tr><td rowspan="4">销售方</td><td colspan="5">名　　称：北京达利工厂</td><td rowspan="4">备注</td><td colspan="3" rowspan="4">运费：
A 材料 300 kg</td></tr>
<tr><td colspan="5">纳税人识别号：911101080108974906</td></tr>
<tr><td colspan="5">地 址、电 话：北京市西单大街 89 号</td></tr>
<tr><td colspan="5">开户行及账号：中国银行西单支行 010669260540033304</td></tr>
</table>

收款人：张新　　　　复核：　　　　开票人：刘力　　　　销售方（章）：

第二联：发票联　购买方记账凭证

表 6.19

中国工商银行 转账支票存根 XVI00000004
附加信息
出票日期：2020 年 05 月 03 日
收款人：北京达利工厂
金　额：¥68454.00
用　途：购材料
单位主管　　　　会计

（2）2020 年 5 月 5 日，华龙实业有限责任公司从北京达利工厂购入的材料运到并验收入库。其相关原始凭证如表 6.20 所示。

表 6.20

收　料　单

供货单位：北京达利工厂　　　　材料类别：原材料

发票号码：10049977　　　　2020年05月05日　　　　材料仓库：2号

材料名称	单位	数量		实际成本													
		应收	实收	单价	发票价格	运输费	合计										
							亿	千	百	十	万	千	百	十	元	角	分
A材料	kg	3000	3000	20.00	60000	600				¥	6	0	6	0	0	0	0
备注：				附单据：2张													

验收人：孙岩　　　　制单人：刘景

（3）2020年5月10日，华龙实业有限责任公司又从天津大发公司购入A材料、B材料。材料尚在途中，款未付。其相关原始凭证如表6.21所示。

表 6.21

天津增值税专用发票

1200785501　　　　天津　发票联　　　　№ 05158910

开票日期：2020年05月10日

购买方	名　　称：华龙实业有限责任公司 纳税人识别号：91110115582861102F 地 址、电 话：北京市大兴区南五环路208号 开户行及账号：中国工商银行北京市红星分理处201310001988630135					密码区	（略）
货物或应税劳务、服务名称	规格型号	单位	数量	单价	金额	税率	税额
A材料		kg	2000	25.00	50000.00	13%	6500.00
B材料		kg	4000	40.00	160000.00	13%	20800.00
合　计					¥210000.00		¥27300.00
价税合计（大写）	⊗贰拾叁万柒仟叁佰元整				（小写）¥237300.00		
销售方	名　　称：天津大发公司 纳税人识别号：91120112340158836X 地 址、电 话：天津市龙泉路118号 开户行及账号：中国工商银行天津市华奥分理处03045896300000088					备注	天津大发公司 91120112340158836X 发票专用章

第二联：发票联　购买方记账凭证

收款人：孙立娟　　复核：　　开票人：王军　　销售方（章）：

小知识

如果企业一次同时购买两种以上的材料，且均是从同一个企业购买的，其共同发生的材料运输费该如何处理？

答：① 按材料的重量进行分配。

② 按材料的买价进行分配。

③ 按材料的数量进行分配。

……

（4）2020 年 5 月 12 日，华龙实业有限责任公司以银行存款归还 5 月 10 日从天津大发公司购入材料的款项。其相关原始凭证如表 6.22 所示。

表 6.22　　中国工商银行　电汇凭证（回单）　　1

☑普通　　☐加急　　委托日期 2020 年 05 月 12 日

<table>
<tr><td rowspan="3">汇款人</td><td>全　称</td><td>华龙实业有限责任公司</td><td rowspan="3">收款人</td><td>全　称</td><td colspan="11">天津大发公司</td></tr>
<tr><td>账　号</td><td>201310001988630135</td><td>账　号</td><td colspan="11">03045896300000088</td></tr>
<tr><td>汇出地点</td><td>省 北京 市/县</td><td>汇入地点</td><td colspan="11">省 天津 市/县</td></tr>
<tr><td colspan="2">汇出行名称</td><td>中国工商银行北京市红星分理处</td><td colspan="2">汇入行名称</td><td colspan="11">中国工商银行天津市华奥分理处</td></tr>
<tr><td rowspan="2">金额</td><td rowspan="2">人民币（大写）</td><td colspan="3" rowspan="2">⊗贰拾叁万柒仟叁佰元整</td><td>亿</td><td>千</td><td>百</td><td>十</td><td>万</td><td>千</td><td>百</td><td>十</td><td>元</td><td>角</td><td>分</td></tr>
<tr><td></td><td></td><td>¥</td><td>2</td><td>3</td><td>7</td><td>3</td><td>0</td><td>0</td><td>0</td><td>0</td></tr>
<tr><td colspan="3" rowspan="3">中国工商银行北京市红星分理处 2020.05.12 转 模拟 讫
汇出行签章</td><td colspan="2">支付密码</td><td colspan="11"></td></tr>
<tr><td colspan="13">附加信息及用途：支付购料款</td></tr>
<tr><td colspan="13">复核　　记账</td></tr>
</table>

（5）2020 年 5 月 13 日，华龙实业有限责任公司以银行存款支付 5 月 10 日购入两种材料的运输费。其相关原始凭证如表 6.23 和表 6.24 所示。

表 6.23　　北京增值税专用发票

1100476398　　（全国统一发票监制章 北京 国家税务总局监制）　　发票联　　№ 15630776

开票日期：2020 年 05 月 13 日

<table>
<tr><td>购买方</td><td colspan="5">名　　称：华龙实业有限责任公司
纳税人识别号：91110115582861102F
地 址、电 话：北京市大兴区南五环路208号
开户行及账号：中国工商银行北京市红星分理处 201310001988630135</td><td>密码区</td><td colspan="2">（略）</td></tr>
<tr><td>货物或应税劳务、服务名称</td><td>规格型号</td><td>单位</td><td>数量</td><td>单价</td><td>金额</td><td>税率</td><td>税额</td><td></td></tr>
<tr><td>*运输服务*运输费</td><td></td><td>次</td><td>1</td><td>2600</td><td>2600.00</td><td>9%</td><td>234</td><td></td></tr>
<tr><td>合　计</td><td></td><td></td><td></td><td></td><td>¥2600.00</td><td></td><td>¥234</td><td></td></tr>
<tr><td>价税合计（大写）</td><td colspan="8">⊗贰仟捌佰叁拾肆元整　　（小写）¥2834.00</td></tr>
<tr><td>销售方</td><td colspan="5">名　　称：天津大发公司
纳税人识别号：91120112340158836X
地 址、电 话：天津市龙泉路 118 号
开户行及账号：中国工商银行天津市华奥分理处 03045896300000088</td><td>备注</td><td colspan="2">运费：
A 材料 2000kg
B 材料 4000kg
（天津大发公司 91120112340158836X 发票专用章）</td></tr>
</table>

第二联：发票联　购买方记账凭证

收款人：孙立娟　　复核：　　开票人：王军　　销售方（章）：

表 6.24

中国工商银行　电汇凭证（回单）　　1

☑普通　　☐加急　　　委托日期 2020 年 05 月 13 日

汇款人	全　称	华龙实业有限责任公司	收款人	全　称	天津大发公司
	账　号	201310001988630135		账　号	03045896300000088
	汇出地点	省 北京 市/县		汇入地点	省 天津 市/县
汇出行名称		中国工商银行北京市红星分理处	汇入行名称		中国工商银行天津市华奥分理处
金额	人民币（大写）	⊗贰仟捌佰叁拾肆元整	亿 千 百 十 万 千 百 十 元 角 分		¥ 2 8 3 4 0 0
中国工商银行北京市红星分理处 2020.05.13 转讫（模拟） 汇出行盖章			支付密码		
			附加信息及用途：支付运费		
			复核　　记账		

（6）2020 年 5 月 15 日，上述购入的两种材料全部到达并已验收入库，分别按其实际采购成本转账。其相关原始凭证如表 6.25 所示。

表 6.25

收　料　单

供货单位：天津大发公司　　　　　　　　　材料类别：原材料

发票号码：00158910　　2020 年 05 月 15 日　　材料仓库：2 号、3 号

材料名称	单位	数量		实际成本			合计										
		应收	实收	单价	发票价格	运输费	亿	千	百	十	万	千	百	十	元	角	分
A 材料	kg	2000	2000	25.00	50000	600				¥	5	0	6	0	0	0	0
B 材料	kg	4000	4000	40.00	160000	2000			¥	1	6	2	0	0	0	0	0
备注：			附单据：2 张														

验收人：孙岩　　　　　　　　　　　　　　　制单人：刘景

（7）2020 年 5 月 20 日，华龙实业有限责任公司从北京新华公司购入的材料到达并已验收入库，款已付。其相关原始凭证如表 6.26 至表 6.29 所示。

（8）2020 年 5 月 23 日，华龙实业有限责任公司从北京达利工厂购入 A 材料 1 500 kg 到达并已验收入库。收料单如表 6.30 所示，但未收到相关的发票及支付凭证。

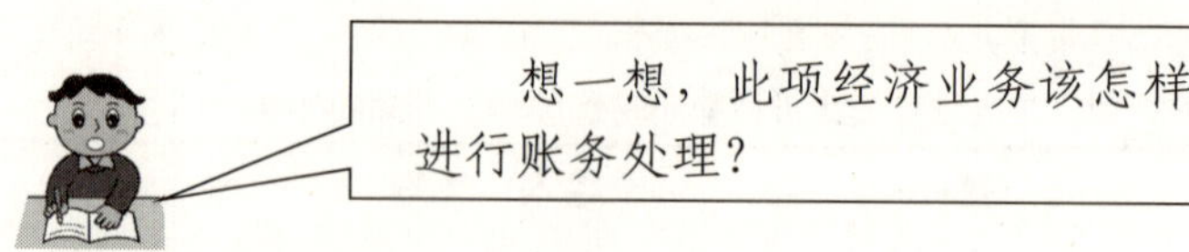

表 6.26

北京增值税专用发票

1100005411　　　　　　　　No 01589107

发票联　　　　　　　　开票日期：2020 年 05 月 20 日

购买方	名　称：华龙实业有限责任公司 纳税人识别号：91110115582861102F 地 址、电 话：北京市大兴区南五环路208 号 开户行及账号：中国工商银行北京市红星分理处 201310001988630135					密码区	（略）	
货物或应税劳务、服务名称	规格型号	单位	数量	单价	金额	税率	税额	
B 材料		kg	2000	42.00	84000.00	13%	10920.00	
合　计					¥84000.00		¥10920.00	
价税合计（大写）	⊗玖万肆仟玖佰贰拾元整					（小写）¥94920.00		
销售方	名　称：北京新华公司 纳税人识别号：911100006102879317 地 址、电 话：北京市人民大街 98 号 开户行及账号：中国建设银行北京市大商分理处 201390060540663398					备注		

收款人：潘宇新　　复核：　　开票人：华爽　　销售方（章）：

第二联：发票联　购买方记账凭证

表 6.27

北京增值税专用发票

1100990854　　　　　　　　No 10530196

发票联　　　　　　　　开票日期：2020 年 05 月 20 日

购买方	名　称：华龙实业有限责任公司 纳税人识别号：91110115582861102F 地 址、电 话：北京市大兴区南五环路208 号 开户行及账号：中国工商银行北京市红星分理处 201310001988630135					密码区	（略）	
货物或应税劳务、服务名称	规格型号	单位	数量	单价	金额	税率	税额	
*运输服务*运输费		次	1	800.00	800.00	9%	72.00	
合　计					¥800.00		¥72.00	
价税合计（大写）	⊗捌佰柒拾贰元整					（小写）¥872.00		
销售方	名　称：北京金地运输公司 纳税人识别号：911101154529703612 地 址、电 话：北京市大兴区南五环路 25 号 开户行及账号：中国建设银行大兴支行 201390633740661697					备注	运费：B 材料 2000kg	

收款人：王飞　　复核：　　开票人：于红　　销售方（章）：

第二联：发票联　购买方记账凭证

表 6.28

收料单

供货单位：北京新华公司　　　　材料类别：原材料

发票号码：01589107　　　　2020年05月20日　　　　材料仓库：3号

材料名称	单位	数量		实际成本													
		应收	实收	单价	发票价格	运输费	合计										
							亿	千	百	十	万	千	百	十	元	角	分
B材料	kg	2000	2000	42.00	84000	800				¥	8	4	8	0	0	0	0
备注：					附单据：2张												

验收人：孙岩　　　　制单人：刘景

表 6.29

中国工商银行

转账支票存根

XVI00000006

附加信息

出票日期：2020年05月20日

收款人：北京新华公司
金　额：¥95792.00
用　途：支付材料款及运费

单位主管　　　　会计

表 6.30

收料单

供货单位：北京达利工厂　　　　材料类别：原材料

发票号码：　　　　2020年05月23日　　　　材料仓库：2号

材料名称	单位	数量		实际成本													
		应收	实收	单价	发票价格	运输费	合计										
							亿	千	百	十	万	千	百	十	元	角	分
A材料	kg	1500	1500														
备注：					附单据：												

验收人：孙岩　　　　制单人：刘景

（9）2020年5月25日，华龙实业有限责任公司从北京新华公司购入A材料、B材料到达，尚未验收入库，已开出商业承兑汇票支付货款，开出转账支票支付运输费。其相关原始凭证如表6.31至表6.35所示。

表 6.31

北京增值税专用发票

1100005411　　　　　　　　　　　　　　　　　　　　　　　　№ 01589115

发　票　联　　　　　　　　　　　　开票日期：2020 年 05 月 25 日

购买方	名　　　称：华龙实业有限责任公司 纳税人识别号：91110115582861102F 地 址、电 话：北京市大兴区南五环路208号 开户行及账号：中国工商银行北京市红星分理处 201310001988630135					密码区	（略）	
货物或应税劳务、服务名称		规格型号	单位	数量	单价	金额	税率	税额
A 材料			kg	3000	20.00	60000.00	13%	7800.00
B 材料			kg	1000	42.00	42000.00	13%	5460.00
合　计						102000.00		13260.00
价税合计（大写）		⊗壹拾壹万伍仟贰佰陆拾元整				（小写）¥115260.00		
销售方	名　　　称：北京新华公司 纳税人识别号：911100006102879317 地 址、电 话：北京市人民大街 98 号 开户行及账号：中国建设银行北京市大商分理处 201390060540663398					备注	（印章：北京新华公司 911100006102879317 发票专用章）	

收款人：潘宇新　　　　复核：　　　　开票人：华爽　　　　销售方（章）：

第二联：发票联　购买方记账凭证

表 6.32

北京增值税专用发票

1100990854　　　　　　　　　　　　　　　　　　　　　　　　№ 10530201

发　票　联　　　　　　　　　　　　开票日期：2020 年 05 月 25 日

购买方	名　　　称：华龙实业有限责任公司 纳税人识别号：91110115582861102F 地 址、电 话：北京市大兴区南五环路208号 开户行及账号：中国工商银行北京市红星分理处 201310001988630135					密码区	（略）	
货物或应税劳务、服务名称		规格型号	单位	数量	单价	金额	税率	税额
*动输服务*运输费			次	1	1200.00	1200.00	9%	108.00
合　计						¥1200.00		¥108.00
价税合计（大写）		⊗壹仟叁佰零捌拾元整				（小写）¥1308.00		
销售方	名　　　称：北京金地运输公司 纳税人识别号：911101154529703612 地 址、电 话：北京市大兴区南五环路 25 号 开户行及账号：中国建设银行大兴支行 201390633740661697					备注	运费： A 材料 3000kg B 材料 1000kg （印章：北京金地运输公司 911101154529703612 发票专用章）	

收款人：王飞　　　　复核：　　　　开票人：于红　　　　销售方（章）：

第二联：发票联　购买方记账凭证

对于购买 A 材料、B 材料发生的运输费 1 200 元，要求按材料的重量比例进行分配，填写计算结果到材料运输费分配表（见表 6.33）。

表 6.33

材料运输费分配表

元

材料名称	重　量	运输费总额	分配率（元/kg）	分配金额
A 材料	3000kg	1200.00		
B 材料	1000kg			

会计主管：　　　　记账：　　　　制单：

小知识

“在途物资”科目核算企业采用实际成本（或进价）进行材料、商品等物资的日常核算，且货款已付尚未验收入库的在途物资的采购成本。

“材料采购”科目核算企业采用计划成本进行材料日常核算的购入材料的采购成本。

表 6.34

中国工商银行
转账支票存根
XVI00000030

附加信息

出票日期：2020 年 05 月 25 日

收款人：	北京金地运输公司
金　额：	¥1308.00
用　途：	支付运费

单位主管　　　　会计

表 6.35

商业承兑汇票（存根）　　3

出票日期（大写）贰零贰零年伍月贰拾伍日

汇票号码 2546101

付款人	全　称	华龙实业有限责任公司	收款人	全　称	北京新华公司
	账　号	201310001988630135		账　号	201390060540663398
	开户银行	中国工商银行北京市红星分理处		开户银行	中国建设银行北京市大商分理处
出票金额	人民币（大写）⊗壹拾壹万伍仟贰佰陆拾零元零分		亿 千 百 十 万 千 百 十 元 角 分	¥ 1 1 5 2 6 0 0 0	
汇票到期日（大写）	贰零贰零年捌月贰拾伍日	付款人开户行	行号		
交易合同号码			地址		
出票人签章（华龙实业有限责任公司 财务专用章）		备注：			

此联出票人留存

（10）2020 年 5 月 26 日，华龙实业有限责任公司从北京新华公司购入的 A 材料、B 材料验收入库。将收料单补充填写完毕，计算材料的实际采购成本。其相关原始凭证如表 6.36 所示。

表 6.36

收　料　单

供货单位：北京新华公司　　　　材料类别：原材料

发票号码：01589115　　　　2020 年 05 月 26 日　　　　材料仓库：2 号、3 号

材料名称	单位	数　量		实际成本													
		应收	实收	单价	发票价格	运输费	合　计										
							亿	千	百	十	万	千	百	十	元	角	分
A 材料	kg	3000	3000	20.00	60000												
B 材料	kg	1000	1000	42.00	42000												
备注：						附单据：4 张											

验收人：孙岩　　　　制单人：刘景

（11）2020 年 5 月 31 日，华龙实业有限责任公司从北京达利工厂购入 A 材料的相关发票及支付凭证仍未到达。因已入库，月末估价入账。其相关原始凭证如表 6.37 所示。

表 6.37

收　料　单

供货单位：北京利达工厂　　　　材料类别：原材料

发票号码：　　　　2020 年 05 月 31 日　　　　材料仓库：2 号

材料名称	单位	数　量		实际成本													
		应收	实收	单价	发票价格	运输费	合　计										
							亿	千	百	十	万	千	百	十	元	角	分
A 材料	kg	1500	1500							¥	3	1	5	0	0	0	0
备注：					附单据：4 张												

验收人：孙岩　　　　制单人：刘景

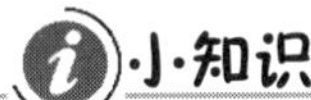

小知识

《企业会计准则》规定：对于企业原材料采用计划成本核算的，如果月末尚未收到发票账单的收料凭证，应按计划成本暂估入账。

实训 6.3　生产过程实训

课前热身

1. 在生产过程中企业应重点核算什么成本，其成本组成是什么？
2. 企业在产品生产过程中，其资金形式如何转换？
3. “生产成本”账户是否存在余额，若有，则表示什么？

实训要求

1. 正确掌握生产过程产品生产成本的计算。

2. 准确进行从领料、生产到完工入库的核算处理。

3. 认真审核每笔经济业务的原始凭证，并准确填制记账凭证，认真进行基本生产成本的明细核算。

实训资料

（1）2020 年 5 月末，华龙实业有限责任公司编制领料凭证汇总表。其相关原始凭证如表 6.38 所示。

表 6.38

领料凭证汇总表

2020 年 05 月　　元

用　途	材料名称及耗用成本		合　计
	A 材料	B 材料	
甲产品耗用	95500		95500
乙产品耗用	20000	108000	128000
生产车间一般耗用	5000		5000
管理部门耗用		3000	3000
销售部门耗用	1000	1500	2500
合　计	121500	112500	234000

（2）2020 年 5 月末，华龙实业有限责任公司汇制工资及福利费分配汇总表。其相关原始凭证如表 6.39 所示。

表 6.39

工资福利费用分配表

2020 年 05 月　　元

用　途	工资总额	职工福利费	合　计
生产甲产品人员	45000	6300	51300
生产乙产品人员	30000	4200	34200
车间管理人员	18000	2520	20520
行政管理人员	26500	3710	30210
销售人员	50000	7000	57000
合　计	169500	23730	193230

小知识

《企业会计准则》规定："应付职工薪酬"科目核算企业根据有关规定应付给职工的各种薪酬。企业（外商）按规定从净利润中提取的职工奖励及福利基金也在本科目核算。本科目可按"工资""职工福利""社会保险费""住房公积金""工会经费""职工教育经费""非货币性福利""辞退福利""股份支付"等进行明细核算。

（3）2020 年 5 月 15 日，华龙实业有限责任公司开出现金支票，从银行提取现金发放职工工资（暂不考虑代扣款项）。其相关原始凭证如表 6.40 和表 6.41 所示。

表 6.40

中国工商银行
现金支票存根
XVI00000031

附加信息

出票日期：2020 年 05 月 15 日

收款人：华龙实业有限公司
金　额：¥156700.00
用　途：支付职工工资

单位主管　　　　会计

表 6.41

工资结算汇总表

2020 年 05 月

元

车间部门	人员类别	应付工资					实发工资
		标准工资	各种奖金	各种津贴	缺勤扣款	合计	
基本生产车间	生产工人	60000	9000	8000	2000	75000	69850
	管理人员	14275	3000	1500	775	18000	16650
行政管理部门	管理人员	20000	4000	2800	300	26500	24640
销售部门	销售人员	35000	11000	4000		50000	46060
合　计		129275	27000	16300	3075	169500	156700

复核：林平　　　　　　　　　　制表：高云

老师，为什么应付工资与实发工资不一样呀？

（4）2020 年 5 月初，华龙实业有限责任公司按规定计提本月固定资产折旧。其相关原始凭证如表 6.42 所示。

表 6.42

固定资产折旧费用分配表

2020 年 05 月

元

使用部门	折旧方法	折旧金额
生产车间	平均年限法	6780
管理部门	平均年限法	2500
合　计		9280

制表：高云

（5）2020 年 5 月 18 日，华龙实业有限责任公司购买办公用品。其相关原始凭证如表 6.43 和表 6.44 所示。

表 6.43

北京增值税专用发票

1100512087　　　　北京　发票联　　　　№ 14963916

开票日期：2020 年 05 月 18 日

购买方	名　　称：华龙实业有限责任公司 纳税人识别号：91110115582861102F 地 址、电 话：北京市大兴区南五环路208号 开户行及账号：中国工商银行北京市红星分理处 201310001988630135				密码区	（略）	
货物或应税劳务、服务名称	规格型号	单位	数量	单价	金额	税率	税额
笔记本	32 开	本	50	5.5	275.00	13%	35.75
油笔	双色	支	50	2.00	100.00	13%	13.00
打印纸	A4	箱	3	190.00	570.00	13%	74.10
合　计					¥945.00		¥122.85
价税合计（大写）	⊗壹仟零陆拾柒元捌角伍分				（小写）¥1067.85		
销售方	名　　称：北京沃尔玛超市 纳税人识别号：911102230645203889 6 地 址、电 话：北京市东城区东长安街 82 号 开户行及账号：中国银行建行东城区支行 3300820261210236987				备注	北京沃尔玛超市 9111022306452038896 发票专用章	

第二联：发票联　购买方记账凭证

收款人：吴迪　　复核：　　开票人：薛燕燕　　销售方（章）：

表 6.44

现金支出凭单

附件 1 张　　2020 年 05 月 18 日　　第 56 号

<table>
<tr><td colspan="4">用款
事项：购买办公用品</td></tr>
<tr><td colspan="4">人民币
（大写）：⊗壹仟零陆拾柒元捌角伍分　　现金付讫　　¥1067.85</td></tr>
<tr><td>收款人
孙力扬
（签章）</td><td>主管人员　林平
（签章）</td><td>会计人员
（签章）</td><td>出纳员付讫　杜丽
（签章）</td></tr>
</table>

（6）2020 年 5 月 19 日，华龙实业有限责任公司采购员李冰出差联系业务，预借差旅费。其相关原始凭证如表 6.45 所示。

表 6.45

借　款　单

2020 年 05 月 19 日

<table>
<tr><td colspan="3">借款单位：供应科</td></tr>
<tr><td colspan="3">借款理由：外出联系业务</td></tr>
<tr><td colspan="3">借　　款：（大写）⊗叁仟元整　　¥3000.00</td></tr>
<tr><td colspan="3">本单位负责人意见：同意　　借款人：李冰</td></tr>
<tr><td>会计主管核批：林平</td><td>付款方式：现金
现金付讫</td><td>出纳：杜丽</td></tr>
</table>

（7）2020 年 5 月 23 日，华龙实业有限责任公司分配本月电费计 8 580 元。其相关原始凭证如表 6.46 所示。

表 6.46

电费分配表

2020 年 05 月 23 日　　元

使用部门	用电量/度	应交电费金额
生产车间	10000	5500
管理部门	3600	1980
销售部门	2000	1100
合　计	15600	8580

制表：高云

小知识

在工业企业的实际工作中，有的企业自设辅助生产车间，像供水车间、供电车间等，其发生的费用应在“生产成本——辅助生产成本”科目核算。

（8）2020 年 5 月 24 日，采购员李冰出差归来，报销差旅费。其相关原始凭证如表 6.47 所示。

表 6.47

差旅费报销单

原派出单位：　　2020 年 05 月 24 日　　单据张数：15 张（略）

事　　由：外出联系业务　　姓名：李冰　　职务：采购员　　预借款：3000 元

起止日期				起止地点	车船费	办公邮电	住勤费			伙食补助			合计
月	日	月	日				标准	天数	金额	标准	天数	金额	
5	19	5	24	北京—长春	550	350	100	15	500	15	13	195	1595
合　计					550	350	100	15	500	15	13	195	1595
人民币（大写）⊗壹仟伍佰玖拾伍元整									应退（补）：1405.00 元				

派出单位领导：于华　　财务主管：林平　　复核：林平　　出纳：杜丽

（9）2020 年 5 月 25 日，华龙实业有限责任公司给职工王春联发放生活困难补助，以现金支付。其相关原始凭证如表 6.48 所示。

表 6.48

领　款　单

2020 年 05 月 25 日

所属部门	生产车间			用途	生活困难补助		
姓　　名	王春联						
领款金额	人民币（大写）⊗伍仟元整						
单位领导批示	同意 于华	财会部门领导意见	同意	领款部门领导意见	同意	5000.00 元	
						领款人签收	王春联 2020 年 05 月 25 日

会计主管：林平　　记账：高云　　出纳：杜丽

（10）2020 年 5 月 26 日，华龙实业有限责任公司签发转账支票，支付本月职工养老保险费和失业保险金。其相关原始凭证如表 6.49 至表 6.51 所示。

小知识

单位给我们缴纳的“五险一金”是指医疗保险费、养老保险费、失业保险费、工伤保险费、生育保险费和住房公积金。

表 6.49

中国工商银行 转账支票存根 XVI00000032
附加信息
出票日期：2020年05月26日
收款人：北京市社会保险公司
金　额：¥38960.00
用　途：支付职工养老保险及失业保险金
单位主管　　　　会计

表 6.50

社会保险基金缴费专用票据

经济类型：　　　　2020年05月26日　　　　No.

缴款单位	华龙实业有限责任公司				结算方式	当期									
缴款金额	人民币：⊗玖仟陆佰伍拾元整					千	百	十	万	千	百	十	元	角	分
									¥	9	6	5	0	0	0
缴款种类	失业保险金					单位盖章（章） （印章：华龙实业有限责任公司 财务专用章）									
合计	其中				其他保险										
	统筹金	个人账户	单位划转	个人缴费	滞纳金										

复核：　　　　收款人：　　　　经办人：　　　　单位代码：

第二联　收据

表 6.51

社会保险基金缴费专用票据

经济类型：　　　　2020年05月26日　　　　No.

缴款单位	华龙实业有限责任公司				结算方式	当期									
缴款金额	人民币：⊗贰万玖仟叁佰壹拾元整					千	百	十	万	千	百	十	元	角	分
								¥	2	9	3	1	0	0	0
缴款种类	养老保险金					单位盖章（章） （印章：华龙实业有限责任公司 财务专用章）									
合计	其中				其他保险										
	统筹金	个人账户	单位划转	个人缴费	滞纳金										

复核：　　　　收款人：　　　　经办人：　　　　单位代码：

第二联　收据

（11）2020 年 5 月 27 日，华龙实业有限责任公司为员工报销车辆通行费。其相关原始凭证如表 6.52 至表 6.54 所示。

表 6.52

北京市车辆通行费专用票据

京津公路天路收费站

京政明电〔2020〕18 号

（收费还贷）　（报销凭证）

不准弃票　以备稽查

人民币：柒拾元

¥：70.00

№ 0018925

表 6.53

北京市车辆通行费专用票据

京津公路华南收费站

京政明电〔2020〕26 号

（收费还贷）　（报销凭证）

不准弃票　以备稽查

人民币：陆拾元

¥：60.00

№ 0026221

表 6.54

现金支出凭单

附件 2 张　　2020 年 05 月 27 日　　第 57 号

用款事项：支付车辆通行费			
人民币（大写）：⊗壹佰叁拾元整　现金付讫　¥130.00			
收款人 刘军威（签章）	主管人员 林平（签章）	会计人员（签章）	出纳员付讫 杜丽（签章）

（12）2020 年 5 月末，华龙实业有限责任公司归集本月发生的制造费用，通过分配全数转入甲、乙两种产品的成本中。要求将本月制造费用通过 T 形账户归集，然后自行计算制造费用分配率进行分配并填入表中。其相关原始凭证如表 6.55 所示。

表 6.55

制造费用分配表

2020 年 05 月 31 日　　元

受益对象	分配标准（生产工时）	分配率	金　额
甲产品	11400		
乙产品	10500		
合　计	21900		

制表：高云

（13）2020 年 5 月末，华龙实业有限责任公司结转本月完工入库甲、乙产品制造成本。甲、乙产品全部完工，月末将本月生产成本按 T 形账户归集，然后自行计算完工产品总成本及单位成本并填入表中。其相关原始凭证如表 6.56 和表 6.57 所示。

表 6.56

产品生产成本计算表

2020 年 05 月 31 日　　元

成本项目	甲产品（327 件）		乙产品（295 件）	
	总成本	单位成本	总成本	单位成本
直接材料				
直接人工				
制造费用				
合　计				

制表：高云

表 6.57

库存商品入库单

2020 年 05 月 31 日　　元

品　名	单　位	数　量	单位成本	实际成本	备　注
甲产品	件	327			
乙产品	件	295			
合　计					

缴库人：徐思　　　　验收人：魏佳佳

实训 6.4　销售过程实训

课前热身

1．进一步熟悉销售过程的核算内容和销售发票、结算凭证等原始凭证的填写，为实训奠定操作基础。

2．进一步明确销售的种类和所采用的核算账户；明确产品销售成本的计算方法和核算程序，为实训奠定理论基础。

实训要求

1. 认真审核原始凭证，明确原始凭证所记录的经济业务内容。

2. 根据审核无误的原始凭证编制记账凭证。

实训资料

2020 年 12 月，华龙实业有限责任公司发生销售业务如下。

（1）销售产品，收到增值税专用发票 1 张，并收到以支票形式付款的货款。其相关原始凭证如表 6.58 和表 6.59 所示。

表 6.58

北京增值税专用发票

1100061650　　北京　记账联　　№ 02681145

开票日期：2020 年 12 月 02 日

购买方	名　　称：北京昌通公司 纳税人识别号：911101087932421085 地 址、电 话：北京市东单大街 5 号 开户行及账号：中国工商银行北京市新会支行 201310280118002				密码区	（略）	
货物或应税劳务、服务名称	规格型号	单位	数量	单价	金额	税率	税额
甲产品		件	400	800.00	320000.00	13%	41600.00
合　计					¥320000.00		¥41600.00
价税合计（大写）	⊗叁拾陆万壹仟陆佰元整				（小写）¥361600.00		
销售方	名　　称：华龙实业有限责任公司 纳税人识别号：91110115582861102F 地 址、电 话：北京市大兴区南五环路208 号 开户行及账号：中国工商银行北京市红星分理处 201310001988630135				备注	华龙实业有限责任公司 91110115582861102F 发票专用章	

第三联：记账联　销售方记账凭证

收款人：杜丽　　复核：　　开票人：王群　　销售方（章）：

表 6.59

中国工商银行　进 账 单（收账通知）　　3

2020 年 12 月 02 日

出票人	全　称	北京昌通公司	收款人	全　称	华龙实业有限责任公司
	账　号	201310280118002		账　号	201310001988630135
	开户银行	中国工商银行北京市新会支行		开户银行	中国工商银行北京市红星分理处

金额	人民币（大写）	⊗叁拾陆万壹仟陆佰元整	亿	千	百	十	万	千	百	十	元	角	分
					¥	3	6	1	6	0	0	0	0

票据种类	支票	票据张数	1
票据号码	422		
复核　　记账			

中国工商银行北京市红星分理处 2020.12.02 转 模拟 讫

收款人开户银行签章

此联是收款人开户银行交给收款人的收账通知

（2）向外地销售产品，采用托收承付结算方式办妥托收手续。其相关原始凭证如表 6.60 至表 6.62 所示。

表 6.60

北京增值税专用发票

1100061650　　　　北京　记账联　　　　№ 02681146

开票日期：2020 年 12 月 06 日

购买方	名　　称：珠海银丽公司 纳税人识别号：92440400628638321L 地 址、电 话：珠海市金湾区明珠街 56 号 开户行及账号：中国工商银行珠海市立信支行 201310280018002				密码区	（略）	
货物或应税劳务、服务名称	规格型号	单位	数量	单价	金额	税率	税额
甲产品		件	300	800.00	240000.00	13%	31200.00
乙产品		件	200	900.00	180000.00	13%	23400.00
合　计					¥420000.00		¥54600.00
价税合计（大写）	⊗肆拾柒万肆仟陆佰元整				（小写）¥474600.00		
销售方	名　　称：华龙实业有限责任公司 纳税人识别号：91110115582861102F 地 址、电 话：北京市大兴区南五环路208 号 开户行及账号：中国工商银行北京市红星分理处 201310001988630135				备注	华龙实业有限责任公司 91110115582861102F 发票专用章	

收款人：杜丽　　复核：　　开票人：王群　　销售方（章）：

第三联：记账联　销售方记账凭证

表 6.61

中国工商银行
转账支票存根
XVI00000001

附加信息

出票日期：2020 年 12 月 06 日

收款人：	北京铁路运输处
金　额：	¥600.00
用　途：	运费

单位主管　　　会计

表 6.62

托收凭证（回单联） 1

2020年12月06日

<table>
<tr><td colspan="2">业务类型</td><td colspan="6">托收承付（☐ 邮划、☑ 电划）</td></tr>
<tr><td rowspan="3">付款人</td><td>全称</td><td colspan="2">珠海银丽公司</td><td rowspan="3">收款人</td><td>全称</td><td colspan="2">华龙实业有限责任公司</td></tr>
<tr><td>账号</td><td colspan="2">201310280018002</td><td>账号</td><td colspan="2">201310001988630135</td></tr>
<tr><td>地址</td><td>珠海市 开户行</td><td>中国工商银行珠海市立信支行</td><td>地址</td><td>北京市 开户行</td><td>中国工商银行北京市红星分理处</td></tr>
<tr><td>金额</td><td colspan="4">人民币（大写）⊗肆拾柒万伍仟贰佰元整</td><td colspan="3">亿 千 百 十 万 千 百 十 元 角 分
¥ 4 7 5 2 0 0 0 0</td></tr>
<tr><td>款项内容</td><td colspan="2">销货款</td><td>托收凭据名称</td><td colspan="2">增值税专用发票等</td><td>附寄单证张数</td><td>3</td></tr>
<tr><td colspan="2">商品发运情况</td><td colspan="2">已发运</td><td colspan="2">合同名称号码</td><td colspan="2"></td></tr>
<tr><td colspan="3">备注：

复核　　记账</td><td colspan="3">上列款项已划回收入你方账户内。
收款人开户银行签章
2020年12月06日</td><td colspan="2"></td></tr>
</table>

（印章：中国工商银行北京市红星分理处 2020.12.06 转 模拟 讫）

此联收款人开户行给收款人回单

（3）托收的销货款收妥入账。其相关原始凭证如表 6.63 所示。

表 6.63

托收凭证（收账通知） 4

委托日期 2020年12月06日

<table>
<tr><td colspan="2">业务类型</td><td colspan="6">托收承付（☐ 邮划、☑ 电划）</td></tr>
<tr><td rowspan="3">付款人</td><td>全称</td><td colspan="2">珠海银丽公司</td><td rowspan="3">收款人</td><td>全称</td><td colspan="2">华龙实业有限责任公司</td></tr>
<tr><td>账号</td><td colspan="2">201310280018002</td><td>账号</td><td colspan="2">201310001988630135</td></tr>
<tr><td>地址</td><td>珠海市 开户行</td><td>中国工商银行珠海市立信支行</td><td>地址</td><td>北京市 开户行</td><td>中国工商银行北京市红星分理处</td></tr>
<tr><td>金额</td><td colspan="4">人民币（大写）⊗肆拾柒万伍仟贰佰元整</td><td colspan="3">亿 千 百 十 万 千 百 十 元 角 分
¥ 4 7 5 2 0 0 0 0</td></tr>
<tr><td>款项内容</td><td colspan="2">销货款</td><td>托收凭据名称</td><td colspan="2">增值税专用发票等</td><td>附寄单证张数</td><td>3</td></tr>
<tr><td colspan="2">商品发运情况</td><td colspan="2">已发运</td><td colspan="2">合同名称号码</td><td colspan="2"></td></tr>
<tr><td colspan="3">备注：

复核　　记账</td><td colspan="3">款项收妥日期
2020年12月09日</td><td colspan="2">收款人开户银行签章
2020年12月09日</td></tr>
</table>

（印章：中国工商银行北京市红星分理处 2020.12.09 转 模拟 讫）

此联收款人开户行给收款人收账通知

（4）销售商品一批，款项暂未收到。其相关原始凭证如表 6.64 所示。

表 6.64

北京增值税专用发票

北　京

记账联

1100061650　　　　№ 21879243

开票日期：2020 年 12 月 10 日

购买方	名　称：北京联益公司 纳税人识别号：911101016045853017 地址、电话：北京市东单 66 号 开户行及账号：中国工商银行东单支行 010000011800127456				密码区	（略）	
货物或应税劳务、服务名称	规格型号	单位	数量	单价	金额	税率	税额
甲产品		件	100	800.00	80000.00	13%	10400.00
乙产品		件	100	900.00	90000.00	13%	11700.00
合　计					¥170000.00		¥22100.00
价税合计（大写）	⊗壹拾玖万贰仟壹佰元整				（小写）¥192100.00		
销售方	名　称：华龙实业有限责任公司 纳税人识别号：91110115582861102F 地址、电话：北京市大兴区南五环路208 号 开户行及账号：中国工商银行北京市红星分理处 201310001988630135				备注	华龙实业有限责任公司 91110115582861102F 发票专用章	

收款人：杜丽　　复核：　　开票人：王群　　销售方（章）：

第三联：记账联　销售方记账凭证

（5）以转账支票支付广告费。其相关原始凭证如表 6.65 和表 6.66 所示。

表 6.65

北京增值税专用发票

北　京

发票联

1100061650　　　　№ 02681147

开票日期：2020 年 12 月 16 日

购买方	名　称：华龙实业有限责任公司 纳税人识别号：91110115582861102F 地址、电话：北京市大兴区南五环路208 号 开户行及账号：中国工商银行北京市红星分理处 201310001988630135				密码区	（略）	
货物或应税劳务、服务名称	规格型号	单位	数量	单价	金额	税率	税额
*广告代理服务*广告费		次	1	3300.00	3300.00	6%	198.00
合　计					¥3300.00		¥198.00
价税合计（大写）	⊗叁仟肆佰玖拾捌元整				（小写）¥3498.00		
销售方	名　称：北京新义广告公司 纳税人识别号：911101108412556916 地址、电话：010-89210678 开户行及账号：中国农业银行海淀支行 622247856798034				备注	北京新义广告公司 911101108412556916 发票专用章	

收款人：王洋　　复核：　　开票人：刘丽丽　　销售方（章）：

第二联：发票联　购买方记账凭证

表 6.66

中国工商银行 转账支票存根 XVI00000002
附加信息
出票日期：2020 年 12 月 16 日
收款人：北京新义广告公司
金　额：¥3498.00
用　途：广告费
单位主管　　　　会计

（6）销售不需用的 A 材料一批。收到货款，存入银行。其相关原始凭证如表 6.67 和表 6.68 所示。

表 6.67

北京增值税专用发票

北　京

国家税务总局监制

1100061650　　　　№ 21879244

记　账　联　　　　开票日期：2020 年 12 月 20 日

购买方	名　　　称：北京友谊公司 纳税人识别号：91110105517820691 地 址、电 话：北京市东单大街 45 号 开户行及账号：中国工商银行北京市新会支行 01012000000145				密码区	（略）	
货物或应税劳务、服务名称	规格型号	单位	数量	单价	金额	税率	税额
A 材料		kg	4000	25.00	100000.00	13%	13000.00
合　计					¥100000.00		¥13000.00
价税合计（大写）	⊗壹拾壹万叁仟元整				（小写）¥113000.00		
销售方	名　　　称：华龙实业有限责任公司 纳税人识别号：91110115582861102F 地 址、电 话：北京市大兴区南五环路208号 开户行及账号：中国工商银行北京市红星分理处 201310001988630135				备注	华龙实业有限责任公司 91110115582861102F 发票专用章	

收款人：杜丽　　　复核：　　　开票人：王群　　　销售方（章）：

第三联：记账联　销售方记账凭证

表 6.68

中国工商银行　进 账 单（收账通知）　　3

2020 年 12 月 20 日

出票人	全　称	北京友谊公司	收款人	全　称	华龙实业有限责任公司
	账　号	0101200000145		账　号	201310001988630135
	开户银行	中国工商银行北京市新会支行		开户银行	中国工商银行北京市红星分理处

金额	人民币（大写）	⊗壹拾壹万叁仟元整	亿	千	百	十	万	千	百	十	元	角	分
					¥	1	1	3	0	0	0	0	0

票据种类	支票	票据张数	1
票据号码	58		

中国工商银行北京市红星分理处 2020.12.20 转 模拟 讫

复核　　记账　　　　收款人开户银行签章

此联收款人开户银行交给收款人收账通知

（7）结转销售 A 材料的成本。其相关原始凭证如表 6.69 所示。

表 6.69

出　库　单

2020 年 12 月 21 日

编号	01	名称	A 材料	规格		数量	4000										
计量单位	kg	单价	20	金额		亿	千	百	十	万	千	百	十	元	角	分	
									¥	8	0	0	0	0	0	0	
用途及摘要	销售																
仓库意见		领料人	销售科														

（8）收到北京联益公司偿还的前欠货款，存入银行。其相关原始凭证如表 6.70 所示。

表 6.70

中国工商银行　进 账 单（收账通知）　　3

2020 年 12 月 25 日

出票人	全　称	北京联益公司	收款人	全　称	华龙实业有限责任公司
	账　号	010000011800127456		账　号	201310001988630135
	开户银行	中国工商银行北京市新大支行		开户银行	中国工商银行北京市红星分理处

金额	人民币（大写）	⊗壹拾玖万贰仟壹佰元整	亿	千	百	十	万	千	百	十	元	角	分
					¥	1	9	2	1	0	0	0	0

票据种类	支票	票据张数	1
票据号码	223		

中国工商银行北京市红星分理处 2020.12.25 转 模拟 讫

复核　　记账　　　　收款人开户银行签章

此联收款人开户银行交给收款人收账通知

（9）月末结转销售成本。其相关原始凭证如表6.71所示。

表6.71

商品销售成本计算单

2020年12月31日　　元

商品名称	销售数量	单位成本	总成本
甲产品	800	500	400000
乙产品	300	600	180000
合　计			580000

（10）计算结转本月应缴的城市维护建设税和教育费附加。其相关原始凭证如表6.72所示。

表6.72

应交城市维护建设税和教育费附加计算表

2020年12月31日　　元

税　目	计税依据及计税金额		税　率	应交税额
	增值税	消费税		
城市维护建设税	24200		7%	1694.00
教育费附加	24200		3%	726.00
地方教育费附加	24200		2%	484.00
合　计				2904.00

实训6.5　利润形成和分配实训

课前热身

1. 进一步熟悉企业利润构成的内容及各项内容和利润形成的核算方法。
2. 进一步明确利润分配的顺序和要求，为实训奠定理论基础。

实训要求

1. 认真审核原始凭证，明确原始凭证所记录的经济业务内容。
2. 正确进行利润的计算和核算，正确填制记账凭证。

实训资料

2020年12月，华龙实业有限责任公司进行利润形成和分配的核算。其主要业务如下。

（1）收到合同违约罚款收入 30 000 元，送存银行。其相关原始凭证如表 6.73 和表 6.74 所示。

表 6.73

收 款 凭 证

附件　　张　　　　2020 年 12 月 12 日

兹由（交款人）北京天成公司

交　　来　合同违约罚款

人民币（大写）叁万元整　　　　¥30000.00

会计主管人员（签章）林平

收款人（或单位）　（签章）　　出纳人收讫（签章）杜丽

第二联　此联收入机关留　凭以作记账凭证

表 6.74

中国工商银行　进 账 单（收账通知）　　3

2020 年 12 月 12 日

出票人	全　称	北京天成公司	收款人	全　称	华龙实业有限责任公司
	账　号	0100000011800445567		账　号	201310001988630135
	开户银行	中国建设银行北京市西单支行		开户银行	中国工商银行北京市红星分理处
金额	人民币（大写）	⊗叁万元整		亿 千 百 十 万 千 百 十 元 角 分	¥ 3 0 0 0 0 0 0
票据种类	支票	票据张数	1		
票据号码	120				
		复核　记账		收款人开户银行签章	

此联收款人开户银行交给收款人收账通知

中国工商银行北京市红星分理处 2020.12.12 转 模拟 讫

（2）开出转账支票向地震灾区捐款 20 000 元。其相关原始凭证如表 6.75 所示。

表 6.75

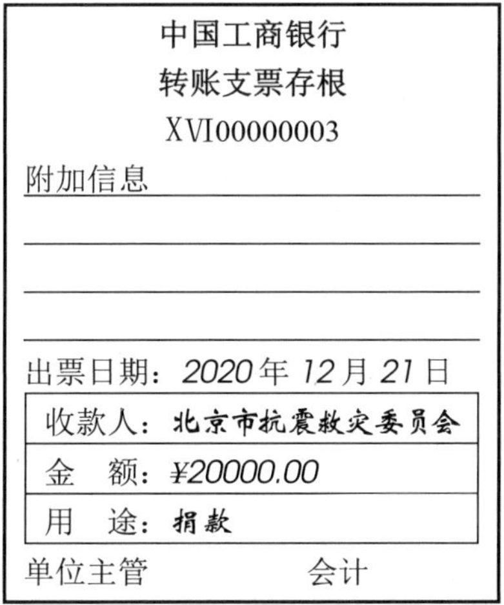

中国工商银行
转账支票存根
XVI00000003

附加信息

出票日期：2020 年 12 月 21 日

收款人：北京市抗震救灾委员会
金　额：¥20000.00
用　途：捐款

单位主管　　　会计

（3）月末计提长期债券投资利息。其相关原始凭证如表 6.76 所示。

表 6.76

长期债券投资利息收益计算表

2020 年 12 月 31 日　　元

债　券	票面要素			购买日期	购买份数	购买成本	溢折价	本期摊销溢（折）价	投资收益
	票面值	偿还方式	利率						
国库券	50000	到期还本付息	13%	16 年	500	50000			6500
合　计	50000					50000			6500

（4）将损益类各账户的本期发生额结转入“本年利润”账户。其相关原始凭证如表 6.77 所示。

表 6.77

损益类账户发生额

2020 年 12 月 31 日　　元

收入类	金　额	支出类	金　额
主营业务收入	910000	主营业务成本	580000
其他业务收入	100000	其他业务成本	80000
营业外收入	30000	管理费用	18340
投资收益	6500	销售费用	3300
		财务费用	2008
		税金及附加	2904
		营业外支出	20000
		资产减值损失	3250
合　计	1046500	合　计	709802

（5）根据本月利润总额计算应交所得税，并将其结转入“本年利润”账户。其相关原始凭证如表 6.78 所示。

表 6.78

应交所得税计算表

2020 年 12 月 31 日　　元

项　目	金　额	备　注
利润总额	336698	
其中：税后利润		
调整项目		
国债利息		
应纳税所得额	336698	
所得税税率	25%	
应交所得税	84174.50	

（6）计提盈余公积金。其相关原始凭证如表 6.79 所示。

表 6.79

盈余公积计提表

2020 年 12 月 31 日　　元

项　目	税后利润	提取比例	提取金额
盈余公积金	252523.50	10%	25252.35
合　计	252523.50		25252.35

（7）向投资者分配现金股利。其相关原始凭证如表 6.80 和表 6.81 所示。

表 6.80

股利分配决议

经董事会决议，本年按全年可供分配利润的 50%向投资者分配红利。

华龙实业有限责任公司
2020 年 12 月 31 日

表 6.81

股利分配计算表

2020 年 12 月 31 日　　元

项　目	税后利润	分配比例	分配金额
应付股利	252523.50	50%	126261.75
合　计	252523.50		126261.75

（8）年终将“本年利润”账户和“利润分配”各明细账户的余额结转入“利润分配——未分配利润”账户。其相关原始凭证如表 6.82 所示。

表 6.82

账 户 余 额 表

2020 年 12 月 31 日　　元

总分类账户	明细分类账户	余　额	
		借　方	贷　方
本年利润			252886.50
利润分配	提取盈余公积	25288.65	
	应付股利	126443.25	
合　计		151731.90	252886.50

实训 6.6　成本计算实训

课前热身

1. 工业企业的每一个经营过程在核算上有什么区别？
2. 供应过程、生产过程、销售过程在其各自核算的成本计算方面有什么联系？
3. 成本的重要性体现在哪些方面？

实训要求

1. 正确掌握采购成本、生产成本、销售成本的计算。
2. 认真分析每项业务题，准确识别相关原始凭证并能正确自制原始凭证。

实训资料

（一）采购成本计算实训

（1）2020 年 2 月 3 日，华龙实业有限责任公司从北京达利公司购入 A 材料 3 000 kg，单价 20 元/kg，发生包装费 200 元、装卸费 300 元、运输费 1 000 元。材料到达企业并验收入库，其入库前的挑选整理费为 100 元。

根据上述资料计算 A 材料的采购成本，填制采购成本计算表。其相关原始凭证如表 6.83 所示。

表 6.83　　采购成本计算表

品名：　　　　年　月　日　　　　元

成本项目								合计
金额								
备注								

（2）2020 年 2 月 8 日，华龙实业有限责任公司从天津大发公司购入 B 材料 1 500 kg，单价 42 元，发生装卸费 260 元、运输费 1 340 元、保险费 500 元。到达企业验收入库的 B 材料为 1 480 kg，其减少的 20 kg 属于途中合理损耗。该材料入库后发生的保管费为 300 元。

根据上述资料计算 B 材料的采购成本，填制采购成本计算表。其相关原始凭证如表 6.84 所示。

表 6.84

采购成本计算表

品名：　　　　　　　　　　　　　　　　年　月　日　　　　　　　　　　　　　　　　元

成本项目								合计
金额								
备注								

（3）2020 年 2 月 10 日，华龙实业有限责任公司从北京市光明工厂购入 A 材料 1 000 kg、B 材料 800 kg；A 材料单价为 25 元、B 材料单价为 45 元；均由奇瑞运输公司运输，共发生装卸费 360 元、运输费 900 元、保险费 540 元，两种材料同时到达企业并验收入库。

根据上述资料将各项费用按材料的重量比例在两种材料之间进行分配，计算 A 材料、B 材料的采购成本，填制采购成本计算表。其相关原始凭证如表 6.85 至表 6.89 所示。

表 6.85

______费用分配表

年　月　日　　　　　　　　　　　　　　　　元

材料名称	实际重量	单　位	分配率	应分配费用
A 材料	1000	kg		
B 材料	800	kg		
合　计	1800			

表 6.86

______费用分配表

年　月　日　　　　　　　　　　　　　　　　元

材料名称	实际重量	单　位	分配率	应分配费用
A 材料	1000	kg		
B 材料	800	kg		
合　计	1800			

表 6.87

______费用分配表

年　月　日　　　　　　　　　　　　　　　　元

材料名称	实际重量	单　位	分配率	应分配费用
A 材料	1000	kg		
B 材料	800	kg		
合　计	1800			

表 6.88

采购成本计算表

品名：　　　　　　　　　　　　年　月　日　　　　　　　　　　　　元

成本项目								合计
金额								
备注								

表 6.89

采购成本计算表

品名：　　　　　　　　　　　　年　月　日　　　　　　　　　　　　元

成本项目								合计
金额								
备注								

（二）产品成本计算实训

华龙实业有限责任公司2020年3月份在生产经营过程发生的各项经济业务原始凭证如表6.90至表6.96所示。根据各项费用分配表，自行计算填制如表6.97所示的产品生产成本计算表及如表6.98所示的产成品入库单。

表 6.90

材料耗用汇总表

2020年03月　　　　　　　　　　　　元

材料名称／材料用途	材料名称		合　计
	A材料	B材料	
生产甲产品用	35000	55000	90000
生产乙产品用	44000		44000
车间一般耗用		2800	2800
厂部一般耗用	3000		3000
销售部展览用	1000	1200	2200
合　计	83000	59000	142000

制表：高云

表 6.91

工资福利费用分配表

2020 年 03 月　　元

部门人员＼项目	工资总额	职工福利费（14%）	合　计
生产甲产品工人	66500	9310	75810
生产乙产品工人	84000	11760	95760
车间管理人员	19500	2730	22230
行政管理人员	20000	2800	22800
销售部门人员	56500	7910	64410
长病假人员	2000	280	2280
合　计	248500	34790	283290

制表：高云

表 6.92

固定资产折旧费用分配表

2020 年 03 月　　元

项　目＼使用部门	生产车间	行政部门	合　计
折旧费	15000	8500	23500

制表：高云

表 6.93

外购动力电费分配表

2020 年 03 月　　元

产品或部门＼费用内容		电表耗用量/度	分配率	分配金额
基本生产	甲产品	12000		6000
	乙产品	28800		14400
	小计	40800		20400
制造费用	一车间	1000		500
	二车间	980		490
管理费用	行政部门	2400		1200
销售费用	销售部门	800		400
合　计		45980	0.50	22990

（均用存款支付）　　制表：高云

表 6.94

其他费用分配表

2020年03月

元

部门 费用内容	制造费用		行政部门	销售部门	合计
	一车间	二车间			
其他费用	4600	3400	5500	1500	15000

制表：高云

表 6.95

外购动力水费分配表

2020年03月

元

费用金额 产品或部门		水表耗用量/吨	分配率	分配金额
基本生产	甲产品	5000		10000
	乙产品	4500		9000
	小　计	9500		19000
制造费用	一车间	800		1600
	二车间	650		1300
管理费用	行政部门	300		600
销售费用	销售部门	200		400
合　计		11450	2.00	22900

（均用存款支付）

制表：高云

表 6.96

制造费用分配表

2020年03月

元

项　目 受益对象	分配标准（生产工时）	分配率	金　额
甲产品	71500	0.4	28600
乙产品	58300	0.4	23320
合　计	129800	0.4	51920

制表：高云

表 6.97

产品生产成本计算表

2020年03月

元

成本项目	甲产品（400件）		乙产品（300件）	
	总成本	单位成本	总成本	单位成本
直接材料				
直接工资				
制造费用				
合　计				

（甲产品、乙产品均已完工入库，无在产品）

制表：高云

表 6.98

产成品入库单

2020 年 03 月

元

产品名称	单　位	数　量	单　价	金　额
合　计				

（三）已销产品成本计算实训

2020 年 3 月，华龙实业有限责任公司对外销售甲产品 360 件，对外销售乙产品 200 件，甲产品、乙产品单位生产成本如表 6.97 中的计算结果所示。要求自行计算填制如表 6.99 所示的销售产品成本计算表。

表 6.99

销售产品成本计算表

2020 年 03 月

元

产品名称	销售数量	单位成本	销售总成本
合　计			

制表：

模块 7 财产清查实训

模块认知

财产清查就是通过对现金、实物和有价证券的实地盘点及对银行存款的核对，查明各项财产物资、货币资金、往来款项等实有数与账面结存数是否相符的一种专门的方法。

财产物资的盘存制度有实地盘存制和永续盘存制两种。

财产清查按其清查的范围可分为全面清查和局部清查；按其清查时间可分为定期清查和不定期清查。

实物清查可采用实地盘点法和技术推算法。

库存现金的清查是通过实地盘点进行的。

银行存款的清查主要是通过银行转来的对账单与企业银行存款日记账的账面余额相核对，以查明账实是否相符。

往来款项的清查主要采用与对方核对账目的方法。

对于财产清查的结果，如果出现账实不符，就要采用不同的方法及时进行账务处理。账务处理可分为审批前的处理和审批后的处理。

课前热身

1. 预习实物清查的方法会涉及哪些原始凭证。
2. 预习现金的清查涉及哪些原始凭证。
3. 预习银行存款清查的方法，熟练编制银行存款余额调节表。

实训要求

1. 根据银行对账单，将银行存款日记账与银行对账单进行核对后编制银行存款余额调节表。
2. 根据现金盘点报告表，做对库存现金盘点审批前和审批后的账务处理。
3. 根据材料盘点报告单，做对材料盘点审批前和审批后的账务处理。
4. 根据固定资产盘盈、盘亏报告单，做对固定资产审批前和审批后的账务处理。

实训资料

（1）华龙实业有限责任公司 2020 年 11 月银行存款期初余额为 300 000 元。其相关原始凭证如表 7.1 和表 7.2 所示。该公司 11 月发生的与银行存款有关的经济业务如下。

① 5 日开出支票# 5501，支付临时工人工资 5 000 元。

② 5 日开出支票# 5502，支付上期增值税 60 000 元。

③ 10 日开出支票# 5503，偿还前欠货款 93 600 元。

④ 10 日收到销货款支票# 9903，存入银行 351 000 元。

⑤ 15 日开出支票# 5504，支付广告费 3 000 元。

⑥ 18 日开出支票# 5505，支付材料采购款 46 800 元。

⑦ 20 日收到销货款支票# 3309，存入银行 58 500 元。

⑧ 25 日开出支票# 5506，提取现金 3 000 元备用。

⑨ 25 日收到销货款支票# 3321，存入银行 70 200 元。

⑩ 30 开出支票# 5507，支付前欠货款 23 400 元。

表 7.1

中国工商银行　对 账 单

户名：华龙实业有限责任公司

账号：201310001988630135　　元

日　期	摘　要	凭证号	借方发生额	贷方发生额	借/贷标志	余　额
1	期初余额			300 000		300 000
5	提现支付	5501	5 000			295 000
5	转账支付	5502	60 000			235 000
11	销货存入	9903		351 000		586 000
15	转账支出	5503	93 600			492 400
18	转账支出	5504	3 000			489 400
20	转账支出	5505	46 800			442 600
20	销货存入	3309		58 500		501 100
25	转账支出	5506	3 000			498 100
25	销货存入	3321		70 200		568 300
30	代交电费	1324	5 000			563 300
30	存款利息	0235		500		563 800
30	代收货款	8023		11 700		575 500
	合　计					575 500

表 7.2

银行存款余额调节表

开户银行： 账号： 年 月 日

摘 要	入账日期凭证号	金 额	摘 要	入账日期凭证号	金 额
（银行存款日记账）余额			（银行对账单）余额		
加：银行已收，企业未收			加：企业已收，银行未收		
1.			1.		
2.			2.		
3.			3.		
4.			4.		
5.			5.		
6.			6.		
减：银行已付，企业未付			减：企业已付，银行未付		
1.			1.		
2.			2.		
3.			3.		
4.			4.		
5.			5.		
6.			6.		
7.			7.		
调节后余额			调节后余额		

财会主管： 制表：

（2）华龙实业有限责任公司 2020 年 11 月对库存现金进行清查盘点，发现现金日记账余额为 1 560 元、实存 1 500 元、盘亏 60 元。经查是出纳员的责任，责令其赔偿。现金清查盘点报告表如表 7.3 所示。

表 7.3

现金清查盘点报告表

2020 年 11 月 30 日 元

账面余额	实存金额	清查结果		说 明
		盘 盈	盘 亏	
1560	1500		60.00	原因待查
单位负责人处理意见	是出纳员的责任，责令其赔偿。		备注：	

（3）华龙实业有限责任公司 2020 年 11 月对原材料进行清查盘点，发现 A 材料明细账上账存 1 600 kg、实存 1 630 kg、溢余 30 kg，经查是收发计量的差错。发现 B 材料明细账上账存 2 180 kg、实存 2 000 kg、短缺 180 kg。经查，其中 160 kg 为水灾造成，保险公司负责赔偿其中的 70%，其余由企业核销；20 kg 为一般经营损失。材料盘点报告单如表 7.4 和表 7.5 所示。

表 7.4

材料盘点报告单

2020 年 11 月 30 日　　元

编号	名称与类别	计量单位	实存数量	账存数量	对比结果						原因
					盘　盈			盘　亏			
					数量	单位成本	金额	数量	单位成本	金额	
101	A 材料	kg	1630	1600	30	60	1800				原因待查
102	B 材料	kg	2000	2180				180	40	7200	

盘点人签章：李明　　保管人员签章：高华

表 7.5

材料盘点报告单

2020 年 11 月 30 日　　元

编号	名称与类别	计量单位	实存数量	账存数量	对比结果						原因
					盘　盈			盘　亏			
					数量	单位成本	金额	数量	单位成本	金额	
101	A 材料	kg	1630	1600	30	60	1800				原因待查
102	B 材料	kg	2000	2180				180	40	7200	
审批意见	1. 溢余 30 kg，作为企业收益。 2. 水灾造成 160 kg 短缺，保险公司负责赔偿其中的 70%，其余由企业核销；另 20 kg 短缺由企业核销。										

盘点人签章：李明　　保管人员签章：高华

（4）华龙实业有限责任公司 2020 年 11 月对固定资产进行清查盘点，发现短缺 1 台电脑，原价 6 000 元，已计提折旧 2 000 元，经查属于被盗。固定资产盘盈、盘亏报告单如表 7.6 和表 7.7 所示。

表 7.6

固定资产盘盈、盘亏报告单

部门：办公室　　2020 年 11 月 30 日　　元

固定资产名称	盘　盈		盘　亏			原　因
	数　量	重置价值	数　量	原始价值	已提折旧	
电脑			1 台	6000	2000	被盗
备　注						

主管：　　制单：

表 7.7

固定资产盘盈、盘亏报告单

部门：办公室　　2020 年 11 月 30 日　　元

固定资产名称	盘　盈		盘　亏			原　因
	数　量	重置价值	数　量	原始价值	已提折旧	
电脑			1 台	6000	2000	被盗
备　注	批准作为企业损失					

主管：　　制单：

模块 8 会计核算程序实训

模块认知

会计核算程序是指账簿组织与记账程序有机结合的方式和步骤。在会计核算程序中，账簿组织是核心部分。账簿组织是指会计凭证、账簿的种类、格式和各种账簿之间的相互关系；记账程序是指采用一定的记账方法，从填制、审核会计凭证、登记账簿直到编制会计报表的工作程序。

会计核算程序是做好会计工作的一个重要条件，对于保证会计工作质量、提高会计工作效率、充分发挥会计职能作用具有重要意义。因此，各单位应结合本身的业务特点采用适当的会计核算程序。

科学合理的会计核算程序应该符合以下基本要求。

1. 要与本单位的性质、规模、业务繁简等相适应。
2. 要能正确、及时地提供全面、系统的核算资料，满足经济管理的需要。
3. 要在保证会计工作质量的前提下，力求简便易行，提高会计工作效率。

不同的账簿组织和记账程序有机结合在一起，就构成了不同的会计核算程序。会计核算程序通常可分为记账凭证核算程序、记账凭证汇总表核算程序、汇总记账凭证核算程序和多栏式日记账核算程序等 4 种类型。这些会计核算程序既有共同点，又有其各自的特点，主要表现是登记总账的依据不同。

实训 8.1 记账凭证核算程序实训

课前热身

1. 复习会计凭证的种类。
2. 复习会计凭证的编制方法。
3. 复习账簿的种类和记账方法。

① 按用途分类：日记账、分类账、备查账。

② 按外表形式分类：订本账、活页账、卡片账。

实训要求

1. 根据资料开设三栏式总账，登记期初余额。
2. 根据资料填制收款凭证、付款凭证、转账凭证。
3. 根据记账凭证，逐笔登记三栏式总账，并结出本期发生额和期末余额。
4. 根据总账资料编制 4 月份各账户发生额和余额平衡表，试算平衡。

实训资料

华龙实业有限责任公司 2020 年 4 月初各账户余额如表 8.1 所示。

表 8.1　　总账账户余额表　　元

账户名称	金　额	账户名称	金　额
银行存款	21000	累计折旧	8500
库存现金	1000	短期借款	25000
原材料	5000	长期借款	70000
库存商品	3000	应付账款	8200
生产成本	1200	应交税费	900
应收账款	1000	本年利润	7100
其他应收款	1200		
固定资产	80000		
利润分配	6300		
合　计	119700	合　计	119700

该企业 4 月份发生的经济业务如下。

（1）1 日，购入 C 材料 2 000 kg，单价 4 元/kg；D 材料 3 000 kg，单价 2 元/kg；供方代垫运输费 100 元，增值税税额为 1 820 元。货款及运输费以银行存款支付。其相关原始凭证如表 8.2、表 8.3 和表 8.4 所示。

表 8.2　　北京增值税专用发票

（印章：全国统一发票监制章　北京　国家税务总局监制）

1100476398　　　　№ 15630724

发　票　联　　　　开票日期：2020 年 04 月 01 日

购买方	名　　称：华龙实业有限责任公司 纳税人识别号：91110115582861102F 地 址、电 话：北京市大兴区南五环路208 号 开户行及账号：中国工商银行北京市红星分理处 201310001988630135				密码区	（略）	
货物或应税劳务、服务名称	规格型号	单位	数量	单价	金额	税率	税额
C 材料		kg	2 000	4.00	8000.00	13%	1040.00
D 材料		kg	3 000	2.00	6000.00	13%	780.00
合　计					¥14000.00		¥1820.00
价税合计（大写）	⊗壹万伍仟捌佰贰拾元整				（小写）¥15820.00		
销售方	名　　称：北京佩新工厂 纳税人识别号：911101043401345588 地 址、电 话：010-86003558 开户行及账号：中国银行西单支行 000647824398549				备注	（印章：北京佩新工厂　911101043401345588　发票专用章）	

第二联：发票联　购买方记账凭证

收款人：杨子　　复核：　　开票人：徐丽　　销售方（章）：

表 8.3

北京增值税专用发票

1100990854　　　　北京 发票联　　　　№ 10530156

开票日期：2020 年 04 月 01 日

<table>
<tr><td rowspan="4">购买方</td><td colspan="5">名　　称：华龙实业有限责任公司</td><td rowspan="4">密码区</td><td colspan="3" rowspan="4">（略）</td></tr>
<tr><td colspan="5">纳税人识别号：91110115582861102F</td></tr>
<tr><td colspan="5">地 址、电 话：北京市大兴区南五环路208 号</td></tr>
<tr><td colspan="5">开户行及账号：中国工商银行北京市红星分理处 2013100019886301355</td></tr>
<tr><td colspan="2">货物或应税劳务、服务名称</td><td>规格型号</td><td>单位</td><td>数量</td><td>单价</td><td>金额</td><td>税率</td><td>税额</td></tr>
<tr><td colspan="2">*运输服务*运输费</td><td></td><td>次</td><td>1</td><td>91.74</td><td>91.74</td><td>9%</td><td>8.26</td></tr>
<tr><td colspan="2">合　计</td><td></td><td></td><td></td><td></td><td>¥91.74</td><td></td><td>¥8.26</td></tr>
<tr><td colspan="2">价税合计（大写）</td><td colspan="7">⊗壹佰元整　　　　（小写）¥100.00</td></tr>
<tr><td rowspan="4">销售方</td><td colspan="5">名　　称：北京金地运输公司</td><td rowspan="4">备注</td><td colspan="3" rowspan="4">运费：
C 材料 2000kg
D 材料 3000kg</td></tr>
<tr><td colspan="5">纳税人识别号：911101154529703612</td></tr>
<tr><td colspan="5">地 址、电 话：北京市大兴区南五环路 25 号</td></tr>
<tr><td colspan="5">开户行及账号：中国建设银行大兴支行 201390633740661697</td></tr>
</table>

第二联：发票联　购买方记账凭证

收款人：王飞　　复核：　　开票人：于红　　销售方（章）：

（印章：北京金地运输公司 911101154529703612 发票专用章）

表 8.4

中国工商银行
转账支票存根
XVI00000004

附加信息

出票日期：2020 年 04 月 01 日

收款人：北京佩新工厂
金　额：¥15920.00
用　途：购材料

单位主管　　　会计

（2）2 日，上述 C、D 两种材料运到验收入库，并按实际采购成本入账。其相关原始凭证如表 8.5 所示。

表 8.5

收　料　单

供货单位：北京佩新工厂　　　　材料类别：原材料

发票号码：15630724　　　2020 年 04 月 02 日　　　材料仓库：2 号

<table>
<tr><td rowspan="3">材料名称</td><td rowspan="3">单位</td><td colspan="2">数　量</td><td colspan="14">实际成本</td></tr>
<tr><td rowspan="2">应收</td><td rowspan="2">实收</td><td rowspan="2">单价</td><td rowspan="2">发票价格</td><td rowspan="2">运输费</td><td colspan="11">合　计</td></tr>
<tr><td>亿</td><td>千</td><td>百</td><td>十</td><td>万</td><td>千</td><td>百</td><td>十</td><td>元</td><td>角</td><td>分</td></tr>
<tr><td>C 材料</td><td>kg</td><td>2000</td><td>2000</td><td>4.00</td><td>8000</td><td>40</td><td></td><td></td><td></td><td></td><td>¥</td><td>8</td><td>0</td><td>4</td><td>0</td><td>0</td><td>0</td></tr>
<tr><td>D 材料</td><td>kg</td><td>3000</td><td>3000</td><td>2.00</td><td>6000</td><td>60</td><td></td><td></td><td></td><td></td><td>¥</td><td>6</td><td>0</td><td>6</td><td>0</td><td>0</td><td>0</td></tr>
<tr><td colspan="6">备注：</td><td colspan="12">附单据：2 张</td></tr>
</table>

验收人：孙岩　　　　制单人：刘景

（3）4 日，生产丙产品，领用 C 材料 1 000 kg，单价 4.02 元/kg；D 材料 1 500 kg，单价 2.02 元/kg。其相关原始凭证如表 8.6 和表 8.7 所示。

表 8.6

领　料　单

2020 年 04 月 04 日　　　　字第 01 号

材料编号	101	材料名称	C 材料	规格					数量	1000				
计量单位	kg	单价	4.02	金额	亿	千	百	十	万	千	百	十	元	角	分
									¥	4	0	2	0	0	0
用途及摘要	生产丙产品领用														
仓库意见	同意	领料人	张力												

表 8.7

领　料　单

2020 年 04 月 04 日　　　　字第 02 号

材料编号	102	材料名称	D 材料	规格					数量	1500				
计量单位	kg	单价	2.02	金额	亿	千	百	十	万	千	百	十	元	角	分
									¥	3	0	3	0	0	0
用途及摘要	生产丙产品领用														
仓库意见	同意	领料人	张力												

（4）5 日，行政管理部门购办公用品货款 100 元，以库存现金支付。其相关原始凭证如表 8.8 所示。

表 8.8

北京增值税专用发票

1100512087　　　　发票联　　　　№ 14963865

开票日期：2020 年 04 月 05 日

购买方	名　　称：华龙实业有限责任公司 纳税人识别号：91110115582861102F 地 址、电 话：北京市大兴区南五环路 208 号 开户行及账号：中国工商银行北京市红星分理处 201310001988630135				密码区	（略）	
货物或应税劳务、服务名称	规格型号	单位	数量	单价	金额	税率	税额
笔记本	32 开	本	35	2.00	70.00	13%	9.10
油笔	双色	支	10	1.85	18.50	13%	2.40
合　计					¥88.50		¥11.50
价税合计（大写）	⊗壹佰元整				（小写）¥100.00		
销售方	名　　称：北京沃尔玛超市 纳税人识别号：911102230645203889 地 址、电 话：北京市东城区东长安街 82 号 开户行及账号：中国银行建行东城区支行 3300820261210236987				备注		

收款人：吴迪　　复核：　　开票人：薛燕燕　　销售方（章）：

第二联：发票联　购买方记账凭证

（5）6 日，销售丙产品 400 件，每件售价 100 元，货款 40 000 元。应交增值税 5 200 元，货款未收。其相关原始凭证如表 8.9 所示。

表 8.9

北京增值税专用发票

北京 记账联

1100061650　　　　№ 10530115

开票日期：2020 年 04 月 06 日

<table>
<tr><td rowspan="4">购买方</td><td colspan="5">名　　称：北京振兴公司</td><td rowspan="4">密码区</td><td colspan="3" rowspan="4">（略）</td></tr>
<tr><td colspan="5">纳税人识别号：911101046517845306</td></tr>
<tr><td colspan="5">地 址、电 话：010-86003558</td></tr>
<tr><td colspan="5">开户行及账号：中国银行北京市宣武分理处 000647824398579</td></tr>
<tr><td colspan="2">货物或应税劳务、服务名称</td><td>规格型号</td><td>单位</td><td>数量</td><td>单价</td><td>金额</td><td>税率</td><td>税额</td></tr>
<tr><td colspan="2">丙产品</td><td></td><td>件</td><td>400</td><td>100</td><td>40000.00</td><td>13%</td><td>5200.00</td></tr>
<tr><td colspan="2">合　计</td><td></td><td></td><td></td><td></td><td>¥40000.00</td><td></td><td>¥5200.00</td></tr>
<tr><td colspan="2">价税合计（大写）</td><td colspan="7">⊗肆万伍仟贰佰元整　　　（小写）¥45200.00</td></tr>
<tr><td rowspan="4">销售方</td><td colspan="5">名　　称：华龙实业有限责任公司</td><td rowspan="4">备注</td><td colspan="3" rowspan="4">华龙实业有限责任公司 91110115582861102F 发票专用章</td></tr>
<tr><td colspan="5">纳税人识别号：91110115582861102F</td></tr>
<tr><td colspan="5">地 址、电 话：北京市大兴区南五环路 208 号</td></tr>
<tr><td colspan="5">开户行及账号：中国工商银行北京市红星分理处 201310001988630135</td></tr>
</table>

第三联：记账联　销售方记账凭证

收款人：杜丽　　　复核：　　　开票人：王群　　　销售方（章）：

（6）7 日，以银行存款支付前欠北京振兴公司的 1 500 元。其相关原始凭证如表 8.10 所示。

表 8.10

中国工商银行
转账支票存根
XVI00000004

附加信息

出票日期：2020 年 04 月 07 日

收款人：北京振兴公司
金　额：¥1500.00
用　途：付前欠材料款

单位主管　　　会计

（7）8 日，从银行借入短期借款 50 000 元，存入银行存款户。其相关原始凭证如表 8.11 所示。

表 8.11

贷款凭证（3）（收账通知）

2020 年 04 月 08 日

贷款单位	华龙实业有限责任公司	种类	短期	贷款户账号	中国工商银行北京市红星分理处 201310001988630135
金额	人民币（大写）⊗伍万元整				千 百 十 万 千 百 十 元 角 分 ¥ 5 0 0 0 0 0 0
用途	流动资金周转借款	单位申请期限		自 2020 年 04 月 08 日至 2020 年 10 月 8 日	
		银行核定期限		自 2020 年 04 月 08 日至 2020 年 10 月 8 日	
上述贷款已核准发放贷款。 并已划入你单位账号。 月利率 0.5% 银行签章　　2020 年 04 月 08 日					单位会计分录 收入 付出 复核　　记账 主管　　会计

（印章：中国工商银行北京市红星分理处 2020.04.08 转讫）

（8）9 日，以银行存款支付丙产品销售费 1 000 元。其相关原始凭证如表 8.12 和表 8.13 所示。

（9）11 日，从银行提取现金 20 000 元，准备发放职工工资。其相关原始凭证如表 8.14 所示。

（10）12 日，以现金 20 000 元支付本月部分职工工资。其相关原始凭证如表 8.15 所示。

表 8.12

北京增值税专用发票

1100201035　　北京 发票联　　№ 10810369

开票日期：2020 年 04 月 09 日

购买方	名　　称：华龙实业有限责任公司 纳税人识别号：91110115582861102F 地 址、电 话：北京市大兴区南五环路 208 号 开户行及账号：中国工商银行北京市红星分理处 201310001988630135					密码区	（略）	
货物或应税劳务、服务名称		规格型号	单位	数量	单价	金额	税率	税额
*广告代理服务*广告费			项	1	943.40	943.40	6%	56.60
合　计						¥943.40		¥56.60
价税合计（大写）		⊗壹仟元整					（小写）¥1000.00	
销售方	名　　称：北京一新广告公司 纳税人识别号：911101025604026579 地 址、电 话：北京西城区灵净胡同甲 155 号 开户行及账号：中国工商银行北京西单支行 6220513499880698455l					备注	（印章：北京一新广告公司 911101025604026579 发票专用章）	

第二联：发票联　购买方记账凭证

收款人：王新　　复核：　　开票人：李华　　销售方（章）：

表 8.13

中国工商银行
转账支票存根
XVI00000021

附加信息

出票日期：2020 年 04 月 09 日

收款人：北京一新广告公司
金 额：¥1000
用 途：广告费

单位主管　　会计

表 8.14

中国工商银行
现金支票存根
XVI00000002

附加信息

出票日期：2020 年 04 月 11 日

收款人：华龙实业有限责任公司
金 额：¥20000.00
用 途：支付职工工资

单位主管　　会计

表 8.15

工资结算汇总表

2020 年 04 月　　元

车间部门	人员类别	应付工资				
		标准工资	各种奖金	各种津贴	缺勤扣款	合 计
生产人员	丙产品	8000	1000	1000		10000
车间人员		5000	700	300		6000
管理人员		3000	500	500		4000
合 计		16000	2200	1800		20000

复核：林丽　　制表：

（11）13 日，销售丙产品 100 件，每件售价 100 元，货款 13 000 元，应交增值税 1 300 元。货款存入银行。其相关原始凭证如表 8.16 和表 8.17 所示。

表 8.16

北京增值税专用发票

1100061650　　北京 记账联　　№ 10530123

开票日期：2020 年 04 月 13 日

购买方	名 称：北京振兴公司 纳税人识别号：911101046517845306 地 址、电 话：010-86003558 开户行及账号：中国银行北京市宣武分理处 000647824398579					密码区	（略）	
货物或应税劳务、服务名称	规格型号	单位	数量	单价		金额	税率	税额
丙产品		件	100	100		10000.00	13%	1300.00
合 计						¥10000.00		¥1300.00
价税合计（大写）	⊗壹万壹仟叁佰元整					（小写）¥11300.00		
销售方	名 称：华龙实业有限责任公司 纳税人识别号：91110115582861102F 地 址、电 话：北京市大兴区南五环路208号 开户行及账号：中国工商银行北京市红星分理处 2013100019886301 35					备注	华龙实业有限责任公司 91110115582861102F 发票专用章	

第三联：记账联 销售方记账凭证

收款人：杜丽　　复核：　　开票人：王群　　销售方（章）：

表 8.17

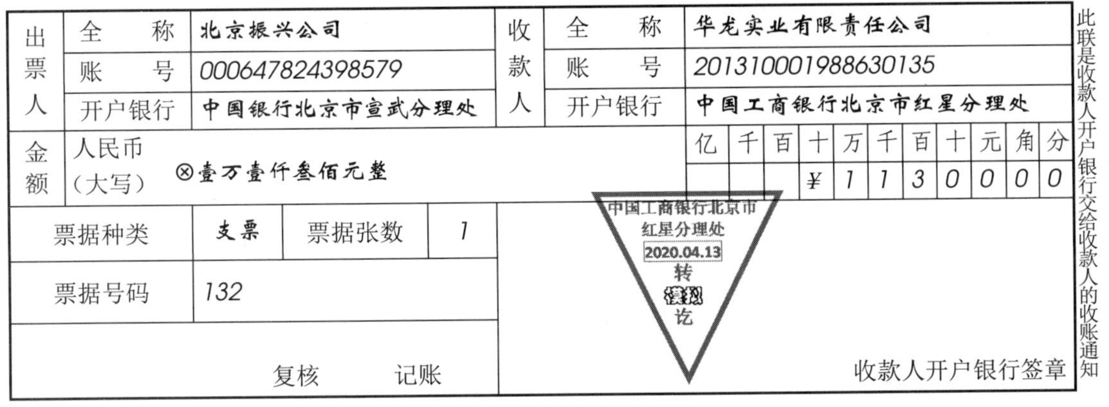

中国工商银行 进 账 单（收账通知）　　**3**

2020 年 04 月 13 日

出票人	全称	北京振兴公司	收款人	全称	华龙实业有限责任公司
	账号	000647824398579		账号	201310001988630135
	开户银行	中国银行北京市宣武分理处		开户银行	中国工商银行北京市红星分理处
金额	人民币（大写）	⊗壹万壹仟叁佰元整		亿千百十万千百十元角分	¥1130000
票据种类	支票	票据张数	1		
票据号码	132				
	复核　记账			收款人开户银行签章	

中国工商银行北京市红星分理处 2020.04.13 转讫

此联是收款人开户银行交给收款人的收账通知

(12) 14 日，以银行存款支付培训费 2 000 元。其相关原始凭证如表 8.18 和表 8.19 所示。

表 8.18

北京增值税专用发票

1100547389　　发票联　　№ 11454809

开票日期：2020 年 04 月 14 日

购买方	名　称：华龙实业有限责任公司 纳税人识别号：91110115582861102F 地址、电话：北京市大兴区南五环路208号 开户行及账号：中国工商银行北京市红星分理处 201310001988630135				密码区	21036　加密版本：01 66+55/<>2103<->*/+ 298102<>? 1377843+　2556912389 213064 0 //--5412217　03004877	
货物或应税劳务、服务名称	规格型号	单位	数量	单价	金额	税率	税额
*生活服务*培训费		次	1	1886.79	1886.79	6%	113.21
合　计					¥1886.79		¥113.21
价税合计（大写）	⊗贰仟元整				（小写）¥2000.00		
销售方	名　称：北京新华培训公司 纳税人识别号：911101012352017846 地址、电话：北京市东城区新中街 116 号 开户行及账号：中国建设银行北京东城支行 33006906669878123504				备注	北京新华培训公司 911101012352017846 发票专用章	

收款人：宫正　　复核：　　开票人：张华　　销售方（章）：

第二联：发票联　购买方记账凭证

表 8.19

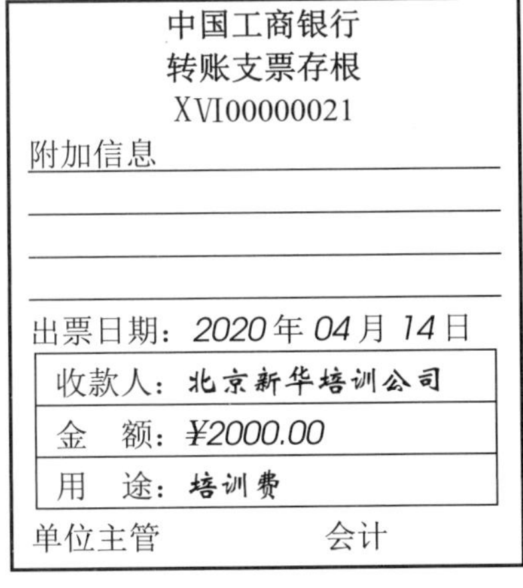

中国工商银行
转账支票存根
XVI00000021

附加信息

出票日期：2020 年 04 月 14 日

收款人：北京新华培训公司
金　额：¥2000.00
用　途：培训费

单位主管　　会计

（13）15 日，购入 C 材料 1 000 kg，单价 4 元/kg；D 材料 1 500 kg，单价 2 元/kg；供方代垫运输费 50 元；货款 7 000 元，增值税税额 910 元。货款及运输费尚未支付。其相关原始凭证如表 8.20 和表 8.21 所示。

表 8.20

北京增值税专用发票

1100476398　　北京　发票联　　№ 15630744

开票日期：2020 年 04 月 15 日

购买方	名　　称：华龙实业有限责任公司 纳税人识别号：91110115582861102F 地 址、电 话：北京市大兴区南五环路208 号 开户行及账号：中国工商银行北京市红星分理处 201310001988630135				密码区	（略）	
货物或应税劳务、服务名称	规格型号	单位	数量	单价	金额	税率	税额
C 材料		kg	1000	4.00	4000.00	13%	520.00
D 材料		kg	1500	2.00	3000.00	13%	390.00
合　计					¥7000.00		¥910.00
价税合计（大写）	⊗柒仟玖佰壹拾元整					（小写）¥7910.00	
销售方	名　　称：北京佩新工厂 纳税人识别号：911101043401345588 地 址、电 话：010-86003558 开户行及账号：中国银行西单支行 000647824398549				备注	北京佩新工厂 911101043401345588 发票专用章	

收款人：杨子　　复核：　　开票人：徐丽　　销售方（章）：

第二联：发票联　购买方记账凭证

表 8.21

北京增值税专用发票

1100990854　　北京　发票联　　№ 10530178

开票日期：2020 年 04 月 15 日

购买方	名　　称：华龙实业有限责任公司 纳税人识别号：91110115582861102F 地 址、电 话：北京市大兴区南五环路208 号 开户行及账号：中国工商银行北京市红星分理处 201310001988630135				密码区	（略）	
货物或应税劳务、服务名称	规格型号	单位	数量	单价	金额	税率	税额
*运输服务*运输费		次	1	45.87	45.87	9%	4.13
合　计					¥45.87		¥4.13
价税合计（大写）	⊗伍拾元整					（小写）¥50.00	
销售方	名　　称：北京金地运输公司 纳税人识别号：911101154529703612 地 址、电 话：北京市大兴区南五环路 25 号 开户行及账号：中国建设银行大兴支行 201390633740661697				备注	运费：C 材料 1000kg　D 材料 1500kg 北京金地运输公司 911101154529703612 发票专用章	

收款人：王飞　　复核：　　开票人：于红　　销售方（章）：

第二联：发票联　购买方记账凭证

（14）16 日，收到还前欠货款 45 200 元存入银行。其相关原始凭证如表 8.22 所示。

表 8.22

中国工商银行 进 账 单（收账通知） 3

2020 年 04 月 16 日

出票人	全 称	北京振兴公司	收款人	全 称	华龙实业有限责任公司									
	账 号	00064724398579		账 号	201310001988630135									
	开户银行	中国银行北京市宣武分理处		开户银行	中国工商银行北京市红星分理处									
金额	人民币（大写）	⊗肆万伍仟贰佰元整			亿	千	百	十	万	千	百	十	元	角	分
								¥	4	5	2	0	0	0	0
票据种类	支票	票据张数	1											
票据号码	192													
复核 记账				收款人开户银行签章										

中国工商银行北京市红星分理处 2020.04.16 转 讫

此联是收款人开户银行交给收款人的收账通知

（15）17 日，购入的 C、D 材料运到验收入库，按实际采购成本入账。其相关原始凭证如表 8.23 所示。

表 8.23

收 料 单

供货单位：北京佩新工厂　　　　材料类别：原材料

发票号码：15630744　　2020 年 04 月 17 日　　材料仓库：2 号

材料名称	单位	数量		实际成本													
		应收	实收	单价	发票价格	运输费	合计										
							亿	千	百	十	万	千	百	十	元	角	分
C 材料	kg	1000	1000	4.00	4000	20					¥	4	0	2	0	0	0
D 材料	kg	1500	1500	2.00	3000	30					¥	3	0	3	0	0	0
备注：				附单据：2 张													

验收人：孙岩　　　　制单人：刘景

（16）20 日，仓库发出 C 材料 1 000 kg，单价 4.02 元/kg；D 材料 2 000 kg，单价 2.02 元/kg。投入丙产品生产。其相关原始凭证如表 8.24 和表 8.25 所示。

表 8.24

领 料 单

2020 年 04 月 20 日　　字第 03 号

材料编号	101	材料名称	C 材料	规格				数量	1000							
计量单位	kg	单价	4.02	金额	亿	千	百	十	万	千	百	十	元	角	分	
									¥	4	0	2	0	0	0	
用途及摘要	生产丙产品领用															
仓库意见	同意	领料人	张力													

表 8.25

领　料　单

2020 年 04 月 20 日　　　　字第 04 号

<table>
<tr><td>材料编号</td><td>102</td><td>材料名称</td><td>D 材料</td><td>规格</td><td colspan="3"></td><td colspan="3">数量</td><td colspan="5">2000</td></tr>
<tr><td rowspan="2">计量单位</td><td rowspan="2">kg</td><td rowspan="2">单价</td><td rowspan="2">2.02</td><td rowspan="2">金额</td><td>亿</td><td>千</td><td>百</td><td>十</td><td>万</td><td>千</td><td>百</td><td>十</td><td>元</td><td>角</td><td>分</td></tr>
<tr><td></td><td></td><td></td><td></td><td>¥</td><td>4</td><td>0</td><td>4</td><td>0</td><td>0</td><td>0</td></tr>
<tr><td>用途及摘要</td><td colspan="15">生产丙产品领用</td></tr>
<tr><td>仓库意见</td><td>同意</td><td>领料人</td><td colspan="13">张力</td></tr>
</table>

（17）21 日，组织管理车间生产使用 D 材料 500 kg，单价 2.02 元/kg。其相关原始凭证如表 8.26 所示。

表 8.26

领　料　单

2020 年 04 月 21 日　　　　字第 05 号

<table>
<tr><td>材料编号</td><td>102</td><td>材料名称</td><td>D 材料</td><td>规格</td><td colspan="3"></td><td colspan="3">数量</td><td colspan="5">500</td></tr>
<tr><td rowspan="2">计量单位</td><td rowspan="2">kg</td><td rowspan="2">单价</td><td rowspan="2">2.02</td><td rowspan="2">金额</td><td>亿</td><td>千</td><td>百</td><td>十</td><td>万</td><td>千</td><td>百</td><td>十</td><td>元</td><td>角</td><td>分</td></tr>
<tr><td></td><td></td><td></td><td></td><td>¥</td><td>1</td><td>0</td><td>1</td><td>0</td><td>0</td><td>0</td></tr>
<tr><td>用途及摘要</td><td colspan="15">车间领用</td></tr>
<tr><td>仓库意见</td><td>同意</td><td>领料人</td><td colspan="13">张力</td></tr>
</table>

（18）30 日，结转本月应付职工工资 20 000 元。其中，丙产品生产工人工资 10 000 元，车间管理人员工资 6 000 元，厂部管理人员工资 4 000 元。其相关原始凭证如表 8.27 所示。

表 8.27

工资费用分配表

2020 年 04 月　　　　元

用　途	工资总额	合　计
生产丙产品人员	10000	10000
车间管理人员	6000	6000
行政管理人员	4000	4000
合　计	20000	20000

（19）30 日，按职工工资总额的 14%提取职工福利费。其相关原始凭证如表 8.28 所示。

表 8.28

福利费用分配表

2020 年 04 月　　　　元

用　途	工资总额	职工福利费
生产丙产品人员	10000	1400
车间管理人员	6000	840
行政管理人员	4000	560
合　计	20000	2800

（20）30 日，摊销开办费 2000 元。其相关原始凭证如表 8.29 所示。

表 8.29

开办费摊销表

2020 年 04 月　　元

使用部门	折旧方法	折旧金额
管理部门	一次摊销法	2000
合　计		2000

制表：高云

（21）30 日，提取本月固定资产折旧 3 000 元。其中，生产车间固定资产折旧 2 000 元，行政管理部门固定资产折旧 1 000 元。其相关原始凭证如表 8.30 所示。

表 8.30

固定资产折旧费用分配表

2020 年 04 月　　元

使用部门	折旧方法	折旧金额
生产车间	平均年限法	2000
管理部门	平均年限法	1000
合　计		3000

制表：高云

（22）30 日，以银行存款支付本月水费。其中，生产产品耗用 2 130 元，车间耗用 510 元，管理部门耗用 300 元。其相关原始凭证如表 8.31 所示。

表 8.31

水费分配表

2020 年 04 月　　元

用　途	水费总额	合　计
生产丙产品人员	2130	2130
车间管理人员	510	510
行政管理人员	300	300
合　计	2 940	2940

制表：高云

（23）30 日，结转本月产品负担的制造费用。其相关原始凭证如表 8.32 所示。

表 8.32

制造费用分配表

2020 年 04 月　　元

产品名称	分配标准	分配率	应分配金额
丙产品			10360
合　计			10360

制表：高云

（24）30 日，本月丙产品完工 600 件，结转完工产品成本。其相关原始凭证如表 8.33 和表 8.34 所示。

表 8.33

产品生产成本计算表

2020 年 04 月 30 日　　　　元

成本项目	丙产品（600 件）	
	总成本	单位成本
直接材料		
直接人工		
制造费用		
合　计	39000	

制表：高云

表 8.34

库存商品 入 库 单

2020 年 04 月 30 日　　　　元

品　名	单　位	数　量	单位成本	实际成本	备　注
丙产品	件	600		39000	
合　计					

缴库人：徐恩　　　　验收人：魏佳佳

（25）30 日，结转已售产品主营业务成本（单位成本 65 元）。其相关原始凭证如表 8.35 所示。

表 8.35

商品销售成本结转表

2020 年 4 月 30 日　　　　元

品　名	单　位	数　量	单位成本	实际成本	备　注
丙产品	件	500	65	32500	
合　计					

缴库人：徐恩　　　　验收人：魏佳佳

（26）30 日，将本月主营业务收入结转到“本年利润”账户。

（27）30 日，将本月主营业务成本结转到“本年利润”账户。

（28）30 日，将本月销售费用、管理费用结转“本年利润”账户。

实训 8.2　记账凭证汇总表核算程序实训

课前热身

1. 复习会计凭证的种类。
2. 复习会计凭证的编制方法。

3. 复习账簿的种类和记账方法。

① 按用途分类：日记账、分类账、备查账。

② 按外表形式分类：订本账、活页账、卡片账。

实训要求

1. 根据以上经济业务，编制收款凭证、付款凭证、转账凭证。
2. 登记现金日记账和银行存款日记账。
3. 登记应收账款、应付账款明细账。
4. 编制记账凭证汇总表。
5. 根据记账凭证汇总表登记总账。

实训资料

华龙实业有限责任公司 2020 年 6 月 1 日有关账户余额如表 8.36 所示。

表 8.36　总分类账户余额表　元

账户名称	金　额	账户名称	金　额
库存现金	1240	短期借款	148500
银行存款	55910	应付账款	9600
应收账款	5550	应交税费	8400
原材料	66000	实收资本	309500
生产成本	23300		
库存商品	28000		
固定资产	348000		
累计折旧	–52000		
合　计	476000	合计	476000

明细账户余额如下。

应收账款——北京联益公司　　5 550.00

应付账款——天津大发公司　　9 600.00

该公司 6 月份发生的经济业务如下。

（1）1 日，北京昌盛有限责任公司投入新机器 1 台，价值 40 000 元。其相关原始凭证如表 8.37 所示。

（2）2 日，从北京达利工厂购入 A 材料 300 kg，货款 6 000 元，增值税税率 13%。货款未付。其相关原始凭证如表 8.38 所示。

表 8.37

固定资产投资入账单

2020 年 06 月 01 日

<table>
<tr><td rowspan="2">投资单位</td><td>名　　称</td><td colspan="2">北京昌盛有限责任公司</td><td colspan="9">企　业　代　码</td><td>101</td></tr>
<tr><td>地址、电话</td><td colspan="2">010-83237898</td><td colspan="9">开户银行及账号</td><td>中国工商银行北京市分行 201310001988620145</td></tr>
<tr><td>投资名称</td><td>计量单位</td><td>数　量</td><td>单　价</td><td colspan="9">金　额</td><td>投资方式</td></tr>
<tr><td>设备</td><td>台</td><td>1</td><td>40 000</td><td>百</td><td>十</td><td>万</td><td>千</td><td>百</td><td>十</td><td>元</td><td>角</td><td>分</td><td rowspan="2">固定资产投资</td></tr>
<tr><td>价税合计（大写）</td><td colspan="3">⊗肆万元整</td><td></td><td>¥</td><td>4</td><td>0</td><td>0</td><td>0</td><td>0</td><td>0</td><td>0</td></tr>
<tr><td rowspan="2">接受单位</td><td>名　　称</td><td colspan="2">华龙实业有限责任公司</td><td colspan="9">企业代码</td><td>128</td></tr>
<tr><td>地址、电话</td><td colspan="2">北京市大兴区南五环路 208 号</td><td colspan="9">开户银行及账号</td><td>中国工商银行北京市红星分理处</td></tr>
</table>

华龙实业有限责任公司 财务专用章

表 8.38

北京增值税专用发票

1100473888　　　　全国统一发票监制章 北京 发票联 国家税务总局监制　　　　№ 10049949

开票日期：2020 年 06 月 02 日

<table>
<tr><td>购买方</td><td colspan="5">名　　称：华龙实业有限责任公司
纳税人识别号：91110115582861102F
地 址、电 话：北京市大兴区南五环路 208 号
开户行及账号：中国工商银行北京市红星分理处 201310001988630135</td><td>密码区</td><td colspan="2">（略）</td></tr>
<tr><td colspan="2">货物或应税劳务、服务名称</td><td>规格型号</td><td>单位</td><td>数量</td><td>单价</td><td>金额</td><td>税率</td><td>税额</td></tr>
<tr><td colspan="2">A 材料</td><td></td><td>kg</td><td>300</td><td>20.00</td><td>6000.00</td><td>13%</td><td>780.00</td></tr>
<tr><td colspan="2">合　计</td><td></td><td></td><td></td><td></td><td>¥6000.00</td><td></td><td>¥780.00</td></tr>
<tr><td colspan="2">价税合计（大写）</td><td colspan="7">⊗陆仟柒佰捌拾元整　　　　（小写）¥6780.00</td></tr>
<tr><td>销售方</td><td colspan="5">名　　称：北京达利工厂
纳税人识别号：911101080108974906
地 址、电 话：北京市西单大街 89 号
开户行及账号：中国银行西单支行 010669260540033304</td><td>备注</td><td colspan="2">北京达利工厂 911101080108974906 发票专用章</td></tr>
</table>

收款人：张新　　复核：　　开票人：刘力　　销售方（章）：

第二联：发票联　购买方记账凭证

（3）2 日，以库存现金支付上述材料运输费 60 元。其相关原始凭证如表 8.39 所示。

（4）2 日，A 材料验收入库。其相关原始凭证如表 8.40 所示。

（5）4 日，销售丁产品 50 件，货款 15 000 元，增值税税率 13%。货款存入银行。其相关原始凭证如表 8.41 和表 8.42 所示。

表 8.39

北京增值税专用发票

1100473888

北京 发票联

№ 10049948

开票日期：2020年06月02日

<table>
<tr><td rowspan="4">购买方</td><td colspan="5">名　　称：华龙实业有限责任公司</td><td rowspan="4">密码区</td><td colspan="3" rowspan="4">（略）</td></tr>
<tr><td colspan="5">纳税人识别号：91110115582861102F</td></tr>
<tr><td colspan="5">地 址、电 话：北京市大兴区南五环路208号</td></tr>
<tr><td colspan="5">开户行及账号：中国工商银行北京市红星分理处 201310001988630135</td></tr>
<tr><td colspan="2">货物或应税劳务、服务名称</td><td>规格型号</td><td>单位</td><td>数量</td><td>单价</td><td>金额</td><td>税率</td><td>税额</td></tr>
<tr><td colspan="2">*运输服务*运输费</td><td></td><td>次</td><td>1</td><td>55.05</td><td>55.05</td><td>9%</td><td>4.95</td></tr>
<tr><td colspan="2">合　计</td><td></td><td></td><td></td><td></td><td>¥55.05</td><td></td><td>¥4.95</td></tr>
<tr><td colspan="2">价税合计（大写）</td><td colspan="7">⊗陆拾元整　　（小写）¥60.00</td></tr>
<tr><td rowspan="4">销售方</td><td colspan="5">名　　称：北京达利工厂</td><td rowspan="4">备注</td><td colspan="3" rowspan="4">运费：A材料 300kg</td></tr>
<tr><td colspan="5">纳税人识别号：911101080108974906</td></tr>
<tr><td colspan="5">地 址、电 话：北京市西单大街89号</td></tr>
<tr><td colspan="5">开户行及账号：中国银行西单支行 010669260540033304</td></tr>
</table>

收款人：张新　　复核：　　开票人：刘力　　销售方（章）：

第二联：发票联　购买方记账凭证

（印章：北京达利工厂 911101080108974906 发票专用章）

表 8.40

收　料　单

供货单位：北京达利工厂　　材料类别：原材料

发票号码：10049949　　2020年06月02日　　材料仓库：2号

<table>
<tr><td rowspan="3">材料名称</td><td rowspan="3">单位</td><td colspan="2">数　量</td><td colspan="14">实际成本</td></tr>
<tr><td rowspan="2">应收</td><td rowspan="2">实收</td><td rowspan="2">单价</td><td rowspan="2">发票价格</td><td rowspan="2">运输费</td><td colspan="11">合　计</td></tr>
<tr><td>亿</td><td>千</td><td>百</td><td>十</td><td>万</td><td>千</td><td>百</td><td>十</td><td>元</td><td>角</td><td>分</td></tr>
<tr><td>A材料</td><td>kg</td><td>300</td><td>300</td><td>20.00</td><td>6000</td><td>60</td><td></td><td></td><td></td><td></td><td>¥</td><td>6</td><td>0</td><td>6</td><td>0</td><td>0</td><td>0</td></tr>
<tr><td></td><td></td><td></td><td></td><td></td><td></td><td></td><td></td><td></td><td></td><td></td><td></td><td></td><td></td><td></td><td></td><td></td><td></td></tr>
<tr><td colspan="4">备注：</td><td colspan="14">附单据：1张</td></tr>
</table>

验收人：孙岩

表 8.41

北京增值税专用发票

1100061650

北京 记账联

№ 21878022

开票日期：2020年06月04日

<table>
<tr><td rowspan="4">购买方</td><td colspan="5">名　　称：北京振兴公司</td><td rowspan="4">密码区</td><td colspan="3" rowspan="4">（略）</td></tr>
<tr><td colspan="5">纳税人识别号：911101046517845306</td></tr>
<tr><td colspan="5">地 址、电 话：010-86003558</td></tr>
<tr><td colspan="5">开户行及账号：中国银行北京市宣武分理处 000647824398579</td></tr>
<tr><td colspan="2">货物或应税劳务、服务名称</td><td>规格型号</td><td>单位</td><td>数量</td><td>单价</td><td>金额</td><td>税率</td><td>税额</td></tr>
<tr><td colspan="2">丁产品</td><td></td><td>件</td><td>50</td><td>300</td><td>15000.00</td><td>13%</td><td>1950.00</td></tr>
<tr><td colspan="2">合　计</td><td></td><td></td><td></td><td></td><td>¥15000.00</td><td></td><td>¥1950.00</td></tr>
<tr><td colspan="2">价税合计（大写）</td><td colspan="7">⊗壹万陆仟玖佰伍拾元整　　（小写）¥16950.00</td></tr>
<tr><td rowspan="4">销售方</td><td colspan="5">名　　称：华龙实业有限责任公司</td><td rowspan="4">备注</td><td colspan="3" rowspan="4"></td></tr>
<tr><td colspan="5">纳税人识别号：91110115582861102F</td></tr>
<tr><td colspan="5">地 址、电 话：北京市大兴区南五环路208号</td></tr>
<tr><td colspan="5">开户行及账号：中国工商银行北京市红星分理处 201310001988630135</td></tr>
</table>

收款人：杜丽　　复核：　　开票人：王群　　销售方（章）：

第三联：记账联　销售方记账凭证

（印章：华龙实业有限责任公司 91110115582861102F 发票专用章）

表 8.42

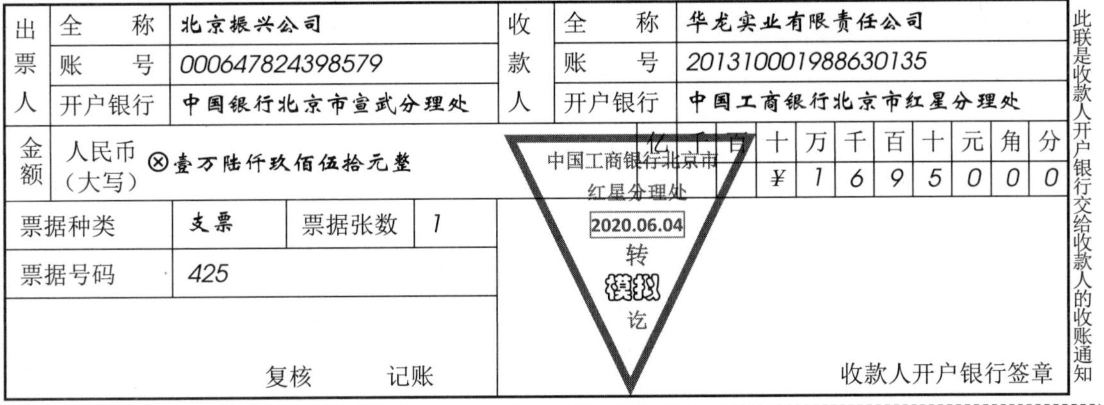

中国工商银行 进 账 单（收账通知）　　3

2020 年 06 月 04 日

出票人	全称	北京振兴公司	收款人	全称	华龙实业有限责任公司
	账号	000647824398579		账号	201310001988630135
	开户银行	中国银行北京市宣武分理处		开户银行	中国工商银行北京市红星分理处
金额	人民币（大写）	⊗壹万陆仟玖佰伍拾元整		亿千百十万千百十元角分	￥16950.00
票据种类	支票	票据张数 1			
票据号码	425				
	复核　记账			收款人开户银行签章	

此联是收款人开户银行交给收款人的收账通知

（6）5 日，厂部购买办公用品 60 元，以现金支付。其相关原始凭证如表 8.43 和表 8.44 所示。

表 8.43

北京增值税专用发票

1100512087　　发票联　　№ 14963866

开票日期：2020 年 06 月 05 日

购买方	名称：华龙实业有限责任公司 纳税人识别号：91110115582861102F 地址、电话：北京市大兴区南五环路208号 开户行及账号：中国工商银行北京市红星分理处201310001988630135					密码区	（略）	
货物或应税劳务、服务名称	规格型号	单位	数量	单价	金额	税率	税额	
笔记本	16 开	本	10	5.31	53.10	13%	6.90	
合　计					¥53.10		¥6.90	
价税合计（大写）	⊗陆拾元整					（小写）¥60.00		
销售方	名称：北京沃尔玛超市 纳税人识别号：911102230645203889 6 地址、电话：北京市东城区东长安街 82 号 开户行及账号：中国银行建行东城区支行 3300820261210236987					备注	北京沃尔玛超市 91110223064520388896 发票专用章	

收款人：吴迪　　复核：　　开票人：薛燕燕　　销售方（章）：

第二联：发票联　购买方记账凭证

表 8.44

现金支出凭单

2020 年 06 月 05 日　　第 59 号

用款事项：购买办公用品			
人民币（大写）：陆拾元整　现金付讫　¥60.00			
收款人 孙力扬（签章）	主管人员 林平（签章）	会计人员（签章）	出纳员付讫 杜丽（签章）

（7）6 日，收到北京联益公司前欠货款 5 550 元。货款已存入银行。其相关原始凭证如表 8.45 所示。

表 8.45　　中国工商银行 进 账 单（收账通知）　　**3**

2020 年 06 月 06 日

出票人	全　　称	北京联益公司	收款人	全　　称	华龙实业有限责任公司
	账　　号	0100000118001274 56		账　　号	20131000198863 0135
	开户银行	中国工商银行北京市新大支行		开户银行	中国工商银行北京市红星分理处

金额	人民币（大写）	⊗伍仟伍佰伍拾元整	亿	千	百	十	万	千	百	十	元	角	分
							¥	5	5	5	0	0	0

票据种类	支票	票据张数	1
票据号码	224		
复核　　记账			收款开户银行签章

中国工商银行北京市红星分理处 2020.06.06 转 模拟 讫

此联是收款人开户银行交给收款人的收账通知

（8）6 日，用银行存款支付前欠天津市大发公司的货款 9 600 元。其相关原始凭证如表 8.46 所示。

表 8.46　　中国工商银行　电汇凭证（回单）　　**1**

☑普通　　☐加急　　　　委托日期 2020 年 06 月 06 日

汇款人	全　　称	华龙实业有限责任公司	收款人	全　　称	天津大发公司
	账　　号	20131000198863 0135		账　　号	03045896300000088
	汇出地点	省 北京 市/县		汇入地点	省 天津 市/县
汇出行名称		中国工商银行北京市红星分理处	汇入行名称		中国工商银行华奥分理处

金额	人民币（大写）	⊗玖仟陆佰元整	亿	千	百	十	万	千	百	十	元	角	分
							¥	9	6	0	0	0	0

汇出行盖章	支付密码	
	附加信息及用途：还前欠货款	
	复核　　记账	

中国工商银行北京市红星分理处 2020.06.06 转 模拟 讫

（9）8 日，发出 A 材料 820 kg，制造丙产品用；发出 A 材料 820 kg，制造丁产品用。A 材料单价 20.20 元。其相关原始凭证如表 8.47 和表 8.48 所示。

表 8.47　　领　料　单

2020 年 06 月 08 日　　　　字第 07 号

材料编号	103	材料名称	A 材料	规格		数量	820								
计量单位	kg	单价	20.20	金额	亿	千	百	十	万	千	百	十	元	角	分
								¥	1	6	5	6	4	0	0
用途及摘要	生产丙产品领用														
仓库意见	同意	领料人	张力												

表 8.48

领　料　单

2020 年 06 月 08 日　　　　字第 08 号

材料编号	103	材料名称	A 材料	规格					数量	820			
计量单位	kg	单价	20.20	金额	亿	千	百	十	万	千	百	十	元	角	分
								¥	1	6	5	6	4	0	0
用途及摘要	生产丁产品领用														
仓库意见	同意	领料人	张力												

（10）8 日，销售给北京振兴公司丁产品 50 件，货款 15 000 元，增值税税率 13%。货款尚未收到。其相关原始凭证如表 8.49 所示。

表 8.49

北京增值税专用发票

1100061650　　　　北京　记账联　　　　№ 21879028

开票日期：2020 年 06 月 08 日

购买方	名　　称：北京振兴公司 纳税人识别号：911101046517845306 地 址、电 话：010-86003558 开户行及账号：中国银行北京市宣武分理处 000647824398579					密码区	（略）
货物或应税劳务、服务名称	规格型号	单位	数量	单价	金额	税率	税额
丁产品		件	50	300	15000.00	13%	1950.00
合　计					¥15000.00		¥1950.00
价税合计（大写）	⊗壹万陆仟玖佰伍拾元整				（小写）¥16950.00		
销售方	名　　称：华龙实业有限责任公司 纳税人识别号：91110115582861102F 地 址、电 话：北京市大兴区南五环路208 号 开户行及账号：中国工商银行北京市红星分理处 2013100019886301354					备注	华龙实业有限责任公司 91110115582861102F 发票专用章

第三联：记账联　销售方记账凭证

收款人：杜丽　　复核：　　开票人：王群　　销售方（章）：

（11）8 日，以转账支票支付广告费 1 020 元。其相关原始凭证如表 8.50 和表 8.51 所示。

表 8.50

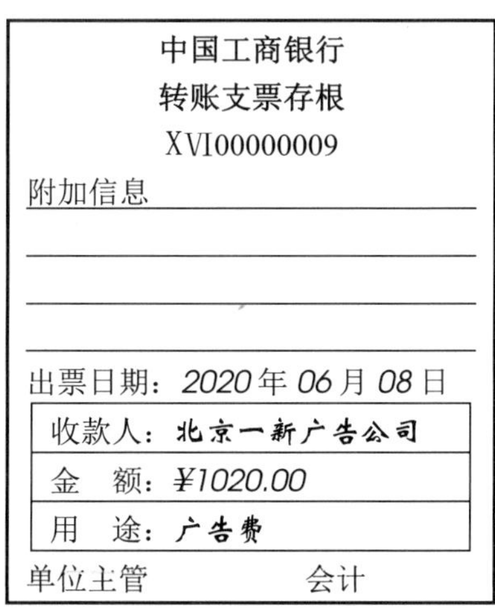
中国工商银行
转账支票存根
XVI00000009
附加信息

出票日期：2020 年 06 月 08 日

收款人：北京一新广告公司
金　额：¥1020.00
用　途：广告费

单位主管　　会计

表 8.51

北京增值税专用发票

1100201035　　北京　发票联　　№ 19650025

开票日期：2020 年 06 月 08 日

<table>
<tr><td rowspan="4">购买方</td><td colspan="5">名　　称：华龙实业有限责任公司</td><td rowspan="4">密码区</td><td colspan="2" rowspan="4">（略）</td></tr>
<tr><td colspan="5">纳税人识别号：91110115582861102F</td></tr>
<tr><td colspan="5">地 址、电 话：北京市大兴区南五环路208号</td></tr>
<tr><td colspan="5">开户行及账号：中国工商银行北京市红星分理处 201310001988630135</td></tr>
<tr><td colspan="2">货物或应税劳务、服务名称</td><td>规格型号</td><td>单位</td><td>数量</td><td>单价</td><td>金额</td><td>税率</td><td>税额</td></tr>
<tr><td colspan="2">*广告代理服务*广告费</td><td></td><td>项</td><td>1</td><td>962.26</td><td>962.26</td><td>6%</td><td>57.74</td></tr>
<tr><td colspan="2">合　计</td><td></td><td></td><td></td><td></td><td>¥962.26</td><td></td><td>¥57.74</td></tr>
<tr><td colspan="2">价税合计（大写）</td><td colspan="7">⊗壹仟零贰拾元整　　　（小写）¥1020.00</td></tr>
<tr><td rowspan="4">销售方</td><td colspan="5">名　　称：北京一新广告公司</td><td rowspan="4">备注</td><td colspan="2" rowspan="4">北京一新广告公司 911101025604026579 发票专用章</td></tr>
<tr><td colspan="5">纳税人识别号：911101025604026579</td></tr>
<tr><td colspan="5">地 址、电 话：北京西城区灵净胡同甲 155 号</td></tr>
<tr><td colspan="5">开户行及账号：中国工商银行北京西单支行 6220513499880698 4551</td></tr>
</table>

收款人：王新　　复核：　　开票人：李华　　销售方（章）：

第二联：发票联　购买方记账凭证

（12）8 日，向北京达利工厂购入 A 材料 250 kg，货款 5 000 元，增值税税率 13%。货款未付。其相关原始凭证如表 8.52 所示。

表 8.52

北京增值税专用发票

1100473888　　北京　发票联　　№ 10049955

开票日期：2020 年 06 月 08 日

<table>
<tr><td rowspan="4">购买方</td><td colspan="5">名　　称：华龙实业有限责任公司</td><td rowspan="4">密码区</td><td colspan="2" rowspan="4">（略）</td></tr>
<tr><td colspan="5">纳税人识别号：91110115582861102F</td></tr>
<tr><td colspan="5">地 址、电 话：北京市大兴区南五环路208号</td></tr>
<tr><td colspan="5">开户行及账号：中国工商银行北京市红星分理处 201310001988630135</td></tr>
<tr><td colspan="2">货物或应税劳务、服务名称</td><td>规格型号</td><td>单位</td><td>数量</td><td>单价</td><td>金额</td><td>税率</td><td>税额</td></tr>
<tr><td colspan="2">A 材料</td><td></td><td>kg</td><td>250</td><td>20.00</td><td>5000.00</td><td>13%</td><td>650.00</td></tr>
<tr><td colspan="2">合　计</td><td></td><td></td><td></td><td></td><td>¥5000.00</td><td></td><td>¥650.00</td></tr>
<tr><td colspan="2">价税合计（大写）</td><td colspan="7">⊗伍仟陆佰伍拾元整　　　（小写）¥5650.00</td></tr>
<tr><td rowspan="4">销售方</td><td colspan="5">名　　称：北京达利工厂</td><td rowspan="4">备注</td><td colspan="2" rowspan="4">北京达利工厂 911101080108974906 发票专用章</td></tr>
<tr><td colspan="5">纳税人识别号：911101080108974906</td></tr>
<tr><td colspan="5">地 址、电 话：北京市西单大街 89 号</td></tr>
<tr><td colspan="5">开户行及账号：中国银行西单支行 010669260540033304</td></tr>
</table>

收款人：张新　　复核：　　开票人：刘力　　销售方（章）：

第二联：发票联　购买方记账凭证

（13）8 日，以现金支付购入 A 材料运输费 50 元。其相关原始凭证如表 8.53 所示。

表 8.53

北京增值税专用发票

1100473888　　　　北京 发票联　　　　№ 10049956

开票日期：2020 年 06 月 08 日

购买方	名　　称：华龙实业有限责任公司 纳税人识别号：91110115582861102F 地 址、电 话：北京市大兴区南五环路208 号 开户行及账号：中国工商银行北京市红星分理处 201310001988630135				密码区	（略）	
货物或应税劳务、服务名称	规格型号	单位	数量	单价	金额	税率	税额
*运输服务*运输费		次	1	45.87	45.87	9%	4.13
合　计					¥45.87		¥4.13
价税合计（大写）	⊗伍拾元整				（小写）¥50.00		
销售方	名　　称：北京达利工厂 纳税人识别号：911101080108974906 地 址、电 话：北京市西单大街 89 号 开户行及账号：中国银行西单支行 010669260540033304				备注	运费 A 材料 250kg 北京达利工厂 911101080108974906 发票专用章	

第二联：发票联　购买方记账凭证

收款人：张新　　　复核：　　　开票人：刘力　　　销售方（章）：

（14）9 日，A 材料验收入库。其相关原始凭证如表 8.54 所示。

表 8.54

收　料　单

供货单位：北京达利工厂　　　　　　　　材料类别：原材料

发票号码：10049955　　　2020 年 06 月 09 日　　　材料仓库：2 号

材料名称	单位	数量		实际成本														
		应收	实收	单价	发票价格	运输费	合计											
							亿	千	百	十	万	千	百	十	元	角	分	
A 材料	kg	250	250	20.00	5000	50					¥	5	0	5	0	0	0	
备注：				附单据：2 张														

验收人：孙岩

（15）10 日，发出 A 材料用于丙产品生产 100 kg、丁产品生产 200 kg，A 材料单价 20.20 元。其相关原始凭证如表 8.55 和表 8.56 所示。

表 8.55

领　料　单

2020 年 06 月 10 日　　　　字第 09 号

材料编号	103	材料名称	A 材料	规　格					数量		100					
计量单位	kg	单价	20.20	金额	亿	千	百	十	万	千	百	十	元	角	分
									¥	2	0	2	0	0	0
用途及摘要	生产丙产品领用														
仓库意见	同意	领料人	张力												

表 8.56

领　料　单

2020 年 06 月 10 日　　　　字第 10 号

材料编号	103	材料名称	A 材料	规格		数量	200				
计量单位	kg	单价	20.20	金额	亿 千 百 十 万 千 百 十 元 角 分						
					¥ 4 0 4 0 0 0						
用途及摘要	生产丁产品领用										
仓库意见	同意	领料人	张力								

（16）11 日，发出 B 材料 260 kg 制造丁产品，B 材料单价 42.40 元。其相关原始凭证如表 8.57 所示。

表 8.57

领　料　单

2020 年 06 月 11 日　　　　字第 11 号

材料编号	104	材料名称	B 材料	规格		数量	260
计量单位	kg	单价	42.40	金额	亿 千 百 十 万 千 百 十 元 角 分		
					¥ 1 1 0 2 4 0 0		
用途及摘要	生产丁产品领用						
仓库意见	同意	领料人	张力				

（17）12 日，从银行借入短期借款 8 000 元。其相关原始凭证如表 8.58 所示。

表 8.58

贷款凭证（3）（收账通知）

2020 年 06 月 12 日

贷款单位	华龙实业有限责任公司	种类	短期	贷款户账号	中国工商银行北京市红星分理处 201310001988630135
金额	人民币（大写）⊗捌仟元整				千 百 十 万 千 百 十 元 角 分 ¥ 8 0 0 0 0 0
用途	流动资金周转借款	单位申请期限	自 2020 年 06 月 12 日至 2020 年 11 月 12 日		
		银行核定期限	自 2020 年 06 月 12 日至 2020 年 11 月 12 日		
上述贷款已核准发放贷款。 并已划入你单位账号。 月利率 0.5% 中国工商银行北京市红星分理处 2020.06.12 转 模拟 讫 银行签章　2020 年 06 月 12 日					单位会计分录 收入 付出 复核　记账 主管　会计

（18）13 日，以银行存款 5 650 元偿还北京达利工厂货款。其相关原始凭证如表 8.59 所示。

表 8.59

中国工商银行 转账支票存根 XVI00000009
附加信息
出票日期：2020 年 06 月 13 日
收款人：北京达利工厂
金　额：¥5650.00
用　途：前欠货款
单位主管　　　　会计

（19）15 日，发出 A 材料 100 kg 制造丁产品，A 材料单价 20.20 元。其相关原始凭证如表 8.60 所示。

表 8.60

领　料　单

2020 年 06 月 15 日　　　　字第 12 号

材料编号	103	材料名称	A 材料	规格					数量	100					
计量单位	kg	单价	20.20	金额	亿	千	百	十	万	千	百	十	元	角	分
									¥	2	0	2	0	0	0
用途及摘要	生产丁产品领用														
仓库意见	同意	领料人	张力												

（20）18 日，以银行存款偿还北京达利工厂货款 7 020 元。其相关原始凭证如表 8.61 所示。

表 8.61

中国工商银行 转账支票存根 XVI00000044
附加信息
出票日期：2020 年 06 月 18 日
收款人：北京达利工厂
金　额：¥7020.00
用　途：前欠货款
单位主管　　　　会计

（21）18 日，采购员刘宁预借差旅费 1 000 元，以现金支付。其相关原始凭证如表 8.62 所示。

表 8.62

借　款　单

2020 年 06 月 18 日

借款单位：供应科		
借款理由：外出联系业务		
借　　款：（大写）⊗壹仟元整　　¥1000.00		
本单位负责人意见：同意　　借款人：刘宁		
会计主管核批：林平	付款方式：现金　现金付讫	出纳：杜丽

（22）19 日，从银行提取现金 200 元备用。其相关原始凭证如表 8.63 所示。

表 8.63

中国工商银行

现金支票存根

XVI00000002

附加信息

出票日期：2020 年 06 月 19 日

收款人：华龙实业有限责任公司
金　额：¥200.00
用　途：备用

单位主管　　会计

（23）20 日，生产车间维修设备领用辅助材料 500 元。其相关原始凭证如表 8.64 所示。

表 8.64

领　料　单

2020 年 06 月 20 日　　字第 13 号

材料编号	105	材料名称	辅助材料	规格				数量			200			
计量单位	kg	单价	2.50	金额	亿	千	百	十	万	千	百	十	元	角	分
										¥	5	0	0	0	0
用途及摘要	生产车间领用														
仓库意见	同意	领料人	张力												

（24）22 日，采购员刘宁报销差旅费 755 元，余款交回。其相关原始凭证如表 8.65 所示。

表 8.65

差旅费报销单

原派出单位：　　2020 年 06 月 22 日　　单据张数：15 张（略）

事　　由：外出联系业务　　姓名：刘宁　　职务：采购员　　预借款：1000 元

起止日期				起止地点	车船费	办公邮电	住勤费			途中标准	伙食补助		合计
月	日	月	日				标准	天数	金额		天数	金额	
4	18	4	22	北京—天津	180		100	5	500		5	75	755
合　计					180		100	5	500		5	75	755
人民币（大写）⊗贰佰肆拾伍元整							应退（补）：245.00 元						

单位领导：于华　　财务主管：林平　　复核：林平　　出纳：杜丽

（25）23 日，销售给北京振兴公司丁产品 100 件，货款 30 000 元，增值税税率 13%。货款未收。其相关原始凭证如表 8.66 所示。

表 8.66

北京增值税专用发票

1100061650　　№ 21879023

记　账　联　　开票日期：2020 年 06 月 23 日

购买方	名　　称：北京振兴公司 纳税人识别号：911101046517845306 地 址、电 话：010-86003558 开户行及账号：中国银行北京市宣武分理处 000647824398579					密码区	（略）	
货物或应税劳务、服务名称	规格型号	单位	数量	单价	金额	税率	税额	
丁产品		件	100	300	30 000.00	13%	3900.00	
合　计					¥30000.00		¥3900.00	
价税合计（大写）	⊗叁万叁仟玖佰元整					（小写）¥33900.00		
销售方	名　　称：华龙实业有限责任公司 纳税人识别号：91110115582861102F 地 址、电 话：北京市大兴区南五环路208 号 开户行及账号：中国工商银行北京市红星分理处 201310001988630135					备注	华龙实业有限责任公司 91110115582861102F 发票专用章	

第三联：记账联　销售方记账凭证

收款人：杜丽　　复核：　　开票人：王群　　销售方（章）：

（26）23 日，销售给北京昌通公司丁产品 40 件，货款 12 000 元，增值税税率 13%。货款存入银行。其相关原始凭证如表 8.67 和表 8.68 所示。

表 8.67

北京增值税专用发票

北京

记 账 联

1100061650　　№ 21879038

开票日期：2020 年 06 月 23 日

购买方	名　　称：北京昌通公司 纳税人识别号：911101087932421085 地 址、电 话：北京市东单大街 5 号 开户行及账号：中国工商银行北京市新会支行 201310280118002				密码区	（略）	
货物或应税劳务、服务名称	规格型号	单位	数量	单价	金额	税率	税额
丁产品		件	40	300.00	12000.00	13%	1560.00
合　计					¥12000.00		¥1560.00
价税合计（大写）	⊗壹万叁仟伍佰陆拾元整				（小写）¥13560.00		
销售方	名　　称：华龙实业有限责任公司 纳税人识别号：91110115582861102F 地 址、电 话：北京市大兴区南五环路208 号 开户行及账号：中国工商银行北京市红星分理处 201310001988630135				备注	华龙实业有限责任公司 91110115582861102F 发票专用章	

第三联：记账联　销售方记账凭证

收款人：杜丽　　复核：　　开票人：王群　　销售方（章）：

表 8.68

中国工商银行 进 账 单（收账通知）　　3

2020 年 06 月 23 日

出票人	全　称	北京昌通公司	收款人	全　称	华龙实业有限责任公司
	账　号	201310280118002		账　号	201310001988630135
	开户银行	中国工商银行北京市新会支行		开户银行	中国工商银行北京市红星分理处
金额	人民币（大写）	⊗壹万叁仟伍佰陆拾元整		亿 千 百 十 万 千 百 十 元 角 分	¥ 1 3 5 6 0 0 0
票据种类	支票	票据张数	1		
票据号码	425				
复核　记账				中国工商银行北京市红星分理处 2020.06.23 转 模拟 讫 收款人开户银行签章	

（27）23 日，以银行存款支付销售产品广告费 1 000 元。其相关原始凭证如表 8.69 和表 8.70 所示。

表 8.69

中国工商银行 转账支票存根 XVI00000046
附加信息
出票日期：2020 年 06 月 23 日
收款人：北京一新广告公司
金　额：¥1000.00
用　途：广告费
单位主管　　　　会计

表 8.70

北京增值税专用发票

北京 发票联

1100201035　　　　№ 10810391

开票日期：2020 年 06 月 23 日

购买方	名　　称：华龙实业有限责任公司 纳税人识别号：91110115582861102F 地 址、电 话：北京市大兴区南五环路 208 号 开户行及账号：中国工商银行北京市红星分理处 201310001988630135				密码区	（略）	
货物或应税劳务、服务名称	规格型号	单位	数量	单价	金额	税率	税额
*广告代理服务*广告费		项	1	943.40	943.40	6%	56.60
合　计					¥943.40		¥56.60
价税合计（大写）	⊗壹仟元整				（小写）¥1000.00		
销售方	名　　称：北京一新广告公司 纳税人识别号：911101025604026579 地 址、电 话：北京西城区灵净胡同甲 155 号 开户行及账号：中国工商银行北京西单支行 6220513499880698455l				备注	911101025604026579 发票专用章	

第二联：发票联　购买方记账凭证

收款人：王新　　复核：　　开票人：李华　　销售方（章）：

（28）24 日，收回 8 日销售给北京振兴公司的货款，存入银行。其相关原始凭证如表 8.71 所示。

表 8.71

中国工商银行 进 账 单（收账通知）　　**3**

2020 年 06 月 24 日

出票人	全　称	北京振兴公司		收款人	全　称	华龙实业有限责任公司
	账　号	000647824398579			账　号	201310001988630135
	开户银行	中国银行北京市宣武分理处			开户银行	中国工商银行北京市红星分理处
金额	人民币（大写）	⊗壹万陆仟玖佰伍拾元整			亿千百十万千百十元角分	¥1695000
票据种类	支票	票据张数	1	中国工商银行北京市红星分理处 2020.06.24 转 模拟 讫		
票据号码	426					
复核　　记账						收款人开户银行签章

（29）25 日，收回 23 日销售给北京振兴公司的货款，存入银行。其相关原始凭证如表 8.72 所示。

表 8.72

中国工商银行 进 账 单（收账通知）　　3

2020 年 06 月 25 日

出票人	全　称	北京振兴公司	收款人	全　称	华龙实业有限责任公司
	账　号	000647824398579		账　号	201310001988630135
	开户银行	中国银行北京市宣武分理处		开户银行	中国工商银行北京市红星分理处

金额	人民币（大写）⊗叁万叁仟玖佰元整	亿	千	百	十	万	千	百	十	元	角	分
					¥	3	3	9	0	0	0	0

票据种类	支票	票据张数	1
票据号码	427		

中国工商银行北京市红星分理处 2020.06.25 转 模拟 讫

复核　　记账　　　　收款人开户银行签章

（30）26 日，提取现金 18 000 元，准备发放工资。其相关原始凭证如表 8.73 所示。

表 8.73

中国工商银行
现金支票存根
XVI00000002
附加信息

出票日期：2020 年 06 月 26 日

收款人：华龙实业有限责任公司
金　额：¥18000.00
用　途：备用

单位主管　　会计

（31）26 日，以现金发放工资 18 000 元。其相关原始凭证如表 8.74 所示。

表 8.74

工资费用结算表

2020 年 06 月　　元

车间部门	人员类别	应付工资				
		标准工资	各种奖金	各种津贴	缺勤扣款	合　计
生产工人	丙产品	6000	1000	1000		8000
	丁产品	4000	1000	1000		6000
车间	管理人员	300				300
厂部	管理人员	3000	400	300		3700
合　计		13300	2400	2300		18000

复核：林丽

（32）27 日，用现金支付车间设备检修费 158 元。其相关原始凭证如表 8.75 所示。

表 8.75

现金支出凭单

附件 1 张　　2020 年 06 月 27 日　　第 59 号

用款事项：车间设备检修费			
人民币（大写）：壹佰伍拾捌元整　现金付讫　¥158.00			
收款人 孙力扬（签章）	主管人员 林平（签章）	会计人员（签章）	出纳员付讫 杜丽（签章）

（33）27 日，以银行存款支付本月水费 1 600 元。其中，生产车间用 1 000 元，厂部用 600 元。其相关原始凭证如表 8.76 和表 8.77 所示。

表 8.76

中国工商银行
转账支票存根
XVI00000006

附加信息

出票日期：2020 年 06 月 27 日

收款人：北京市大兴区自来水公司
金　额：¥1600.00
用　途：支付水费

单位主管　　会计

表 8.77

水费分配表

2020 年 06 月　　元

使用部门	水　费	备　注
生产车间	1000.00	
厂　　部	600.00	
合　计	1600.00	

（34）28 日，以现金支付仓库租赁费 200 元。其相关原始凭证如表 8.78 所示。

表 8.78

现金支出凭单

附件 1 张　　2020 年 06 月 28 日　　第 60 号

用款事项：仓库租赁费			
人民币（大写）：贰佰元整	现金付讫	¥200.00	
收款人 孙力扬（签章）	主管人员 林平（签章）	会计人员（签章）	出纳员付讫 杜丽（签章）

（35）28 日，本月生产工人工资 14 000 元。其中，丙产品负担 8 000 元，丁产品负担 6 000 元，车间管理人员工资 300 元，厂部管理人员工资 3 700 元。其相关原始凭证如表 8.79 所示。

表 8.79

工资费用分配表

2020 年 06 月　　元

用　途	工资总额	合　计
生产丙产品人员	8000	8000
生产丁产品人员	6000	6000
车间管理人员	300	300
行政管理人员	3700	3700
合　计	18000	18000

（36）28 日，按工资总额的 14%计提职工福利费。其相关原始凭证如表 8.80 所示。

表 8.80

工资福利费用分配表

2020 年 06 月　　元

用　途	工资总额	职工福利费	合　计
生产丙产品人员	8000	1120	9120
生产丁产品人员	6000	840	6840
车间管理人员	300	42	342
行政管理人员	3700	518	4218
合　计	18000	2520	20520

（37）28 日，计提本月固定资产折旧 3 500 元。其中，车间负担 2 800 元，厂部负担 700 元。其相关原始凭证如表 8.81 所示。

表 8.81

固定资产折旧费用分配表

2020 年 06 月　　元

使用部门	折旧方法	折旧金额
生产车间	平均年限法	2800
管理部门	平均年限法	700
合　计		3500

制表：高云

（38）28 日，结转本月制造费用 4 800 元。经分配，丙产品应负担 2 500 元，丁产品应负担 2 300 元。其相关原始凭证如表 8.82 所示。

表 8.82

制造费用分配表

2020 年 06 月　　元

产品名称	分配标准（生产工时）	分配率	应分配金额
丙产品	5000	0.5	2500
丁产品	4600	0.5	2300
合　计	9600	0.5	4800

制表：高云

（39）28 日，丙产品、丁产品全部验收入库，丙产品总成本 30 204 元，丁产品总成本 42 788 元。其相关原始凭证如表 8.83 和表 8.84 所示。

表 8.83

产品生产成本计算表

2020 年 06 月 28 日　　元

成本项目	丙产品（300 件）		丁产品（200 件）	
	总成本	单位成本	总成本	单位成本
直接材料	18584	61.95	33648	168.24
直接人工	9120	30.4	6840	34.2
制造费用	2500	8.33	2300	11.5
合　计	30204	100.68	42788	213.94

制表：高云

表 8.84

库存商品 入 库 单

2020 年 06 月 28 日　　元

品　名	单　位	数　量	单位成本	总成本	备　注
丙产品	件	300	100.68	30204	
丁产品	件	200	213.94	42788	
合　计		500		72992	

缴库人：徐思　　验收人：魏佳佳

（40）28 日，结转本月已销售 240 件丁产品的销售成本 51 345.60 元。其相关原始凭证如表 8.85 所示。

表 8.85

商品销售成本结转表

2020 年 06 月 28 日　　元

品　名	单　位	数　量	单位成本	实际成本	备　注
丁产品	件	240	213.94	51345.60	
合　计		240		51345.60	

缴库人：徐恩　　验收人：魏佳佳

（41）28 日，将本月主营业务收入 72 000 元转入“本年利润”账户。

（42）28 日，将本月主营业务成本 51 345.60 元、销售费用 2 020 元和管理费用 6 533 元转入“本年利润”账户。

模块 9

会计报表实训

模块认知

会计报表是财务会计报告的主要组成部分。它是根据会计账簿记录和有关资料按照规定的报表格式，总括反映一定期间的经济活动和财务收支情况及其结果的一种报告文件。会计报表的主要作用是定期地向投资者、债权人及企业的管理者等提供企业的盈利能力、股利分配政策、资本结构、资产状况、某一特定日期财务状况及某一特定期间经营业绩和现金流量方面的信息，便于有关人员做出正确的决策。通过本模块的学习，应能够界定和概括会计报表的作用与种类，资产负债表、利润表的作用和基本结构，并且能够自主编制资产负债表和利润表。

课前热身

1. 在编制财务会计报告（特别是年度财务会计报告）前，对单位的财产物资要进行盘点清查，检查账实是否相符。如果发现不符，则应查明原因，并按规定及时调整账目，使得账实相符。

2. 核对会计账簿记录与会计凭证的内容、金额等是否一致，记账方向是否相符。

3. 依照《企业财务报告条例》规定的结账日期进行结账，结出有关会计账簿的余额和发生额，并核对各会计账簿之间的金额。

4. 检查相关的会计核算是否按照国家统一的会计准则和会计制度的规定进行。

5. 检查是否存在因会计差错、会计政策变更等原因需要调整前期或本期相关项目的情况。

6. 掌握报表分析填制的具体方法。

7. 分析会计凭证、会计账簿和会计报表之间的关系。

8. 要求学生到企业做一次调查（网上也可以），了解企业编制哪些会计报表，并思考与小企业的会计报表有何不同。

实训要求

根据实训资料编制华龙实业有限责任公司 2020 年 6 月 30 日的资产负债表（填列期末数栏）和 2020 年 12 月份的利润表。

实训资料

（1）华龙实业有限责任公司 2020 年 6 月 30 日有关总账和明细账户的余额表如表 9.1 所示。

表 9.1　　2020 年 6 月有关账户余额表　　元

资产账户	借或贷	余　额	负债和所有者权益账户	借或贷	余　额
库存现金	借	6 000	短期借款	贷	150 000
银行存款	借	200 000	应付票据	贷	20 000
其他货币资金	借	50 000	应付账款	贷	80 000
交易性金融资产	借	30 000	——丙企业	贷	85 000
应收票据	借	20 000	——丁企业	借	5 000
应收账款	借	77 000	预收账款	贷	15 000
——甲公司	借	80 000	——C 公司	贷	15 000
——乙公司	贷	3 000	其他应付款	贷	5 000
坏账准备	贷	2 000	应付职工薪酬	贷	12 000
预付账款	借	80 000	应交税费	贷	18 025
——A 公司	借	50 000	应付股利	贷	63 000
——B 公司	借	30 000			
其他应收款	借	5 000	长期借款	贷	340 000
应收股利	借	3 000	应付债券	贷	60 000
材料采购	借	2 500	其中一年到期的应付债券	贷	20 000
原材料	借	800 000	长期应付款	贷	150 000
周转材料	借	100 000	实收资本	贷	5 500 000
材料成本差异	贷	10 000	资本公积	贷	110 400
生产成本	借	500 000	盈余公积	贷	100 000
库存商品	借	70 000	利润分配	贷	50 000
存货跌价准备			——未分配利润	贷	50 000
持有至到期投资			本年利润	贷	300 000
固定资产	借	5 000 000			
累计折旧	贷	1 000 000			
在建工程	借	744 000			
固定资产清理	贷	2075			
无形资产	借	300 000			
资产合计		6 973 425	负债及所有者权益合计		6 973 425

（2）华龙实业有限责任公司企业所得税税率为 25%。该公司 2020 年 1 月至 11 月各损益类账户的累计发生额和 12 月底转账前各损益类账户的发生额如表 9.2 所示。

表 9.2　　　　　　　　　　　　　　**损益类账户余额表**　　　　　　　　　　　　　　元

账户名称	1—11 月份发生额		12 月份发生额	
	借　方	贷　方	借　方	贷　方
主营业务收入		280 000		
主营业务成本	130 000		120 000	150 000
销售费用	13 000		500	
税金及附加	12 000		1 000	
其他业务成本	5 000		6 000	
营业外支出	1 000		500	
财务费用	12 600		1 600	
管理费用	13 500		1 800	
其他业务收入		9 000		
营业外收入		5 000		9 000
投资收益		8 000		
所得税费用	28 725		6 900	

其他资料如表 9.3 和表 9.4 所示。

表 9.3　　　　　　　　　　　　　　**资产负债表**

会企 01 表

编制单位：　　　　　　　　　　　　年　月　日　　　　　　　　　　　　元

资　产	期末余额	年初余额	负债和所有者权益（或股东权益）	期末余额	年初余额
流动资产：			流动负债：		
货币资金			短期借款		
交易性金融资产			交易性金融负债		
衍生金融资产			衍生金融负债		
应收票据			应付票据		
应收账款			应付账款		
应收款项融资			预收款项		
预付款项			合同负债		
其他应收款			应付职工薪酬		
存货			应交税费		
合同资产			其他应付款		
持有待售资产			持有待售负债		
一年内到期的非流动资产			一年内到期的非流动负债		
其他流动资产			其他流动负债		
流动资产合计			流动负债合计		

（续表）

资　产	期末余额	年初余额	负债和所有者权益（或股东权益）	期末余额	年初余额
非流动资产：			非流动负债：		
债权投资			长期借款		
其他债权投资			应付债券		
长期应收款			租赁负债		
长期股权投资			长期应付款		
其他权益工具投资			预计负债		
其他非流动金融资产			递延收益		
投资性房地产			递延所得税负债		
固定资产			其他非流动负债		
在建工程			非流动负债合计		
生产性生物资产			负债合计		
油气资产			所有者权益（或股东权益）：		
使用权资产			实收资本（或股本）		
无形资产			其他权益工具		
开发支出			资本公积		
商誉			减：库存股		
长期待摊费用			其他综合收益		
递延所得税资产			专项储备		
其他非流动资产			盈余公积		
非流动资产合计			未分配利润		
			所有者权益（或股东权益）合计		
资产总计			负债和所有者权益（或股东权益）总计		

表 9.4

利 润 表

会企：02 表

编制单位：　　　　　　　年　　月　　日　　　　　　　元

项　　目	本期金额	上期金额
一、营业收入		
减：营业成本		
税金及附加		
销售费用		
管理费用		
研发费用		
财务费用		
其中：利息费用		
利息收入		

（续表）

项　　目	本期金额	上期金额
加：其他收益		
投资收益（损失以“－”号填列）		
其中：对联营企业和合营企业的投资收益		
以摊余成本计量金融资产终止确认收益（损失以“－”号填列）		
净敞口套期收益（损失以“－”号填列）		
公允价值变动收益（损失以“－”号填列）		
信用减值损失（损失以“－”号填列）		
资产减值损失（损失以“－”号填列）		
资产处置收益（损失以“－”号填列）		
二、营业利润（亏损以“－”号填列）		
加：营业外收入		
减：营业外支出		
三、利润总额（亏损总额以“－”号填列）		
减：所得税费用		
四、净利润（净亏损以“－”号填列）		
（一）持续经营净利润（净亏损以“－”号填列）		
（二）终止经营净利润（净亏损以“－”号填列）		
五、其他综合收益的税后净额		
（一）不能重分类进损益的其他综合收益		
（二）将重分类进损益的其他综合收益		
六、综合收益总额		
七、每股收益		
（一）基本每股收益		
（二）稀释每股收益		

知识链接

财务分析

① 利用资产负债表和其他有关资料，尝试综合分析和评价企业的财务状况。例如，反映企业短期偿债能力的主要指标有流动比率和速动比率。

流动比率＝流动资产÷流动负债×100%

速动比率＝速动资产÷流动负债×100%

② 利用利润表了解企业盈利能力指标。

主营业务净利率＝净利润÷主营业务收入净额×100%

营业利润率＝营业利润÷主营业务收入净额×100%

成本利润率＝利润总额÷成本费用总额×100%

模块 *10*

会计工作组织意义和要求实训

模块认知

本模块主要让学生了解会计的相关法律、法规、规章，以及会计工作的组织形式；掌握会计机构的设置及会计岗位的设置；了解作为一名会计人员应履行的职责及应具备的素质要求，并能在实际工作中自觉遵守会计职业道德规范，做一名爱岗敬业、廉洁自律、诚实守信、坚持准则、参与管理、提高技能、客观公正、强化服务的高素质会计人员。

通过本模块的实训，应了解如下知识。

1. 《会计法》的相关内容。
2. 会计机构的设置及会计岗位的配备。
3. 会计机构负责人应具备的条件。
4. 总会计师的主要职责与职权。
5. 会计人员的任职资格及素质要求。
6. 会计人员应具有的职业道德要求。

课前热身

1. 课前组织学生到企业进行社会调查，了解目前各类企业的会计组织形式有什么不同。
2. 了解当前各类企业的会计机构如何设置、会计岗位如何配备、都有哪些会计岗位。
3. 作为一名会计人员应具备什么资格。

实训要求

1. 根据所学知识点准确填写练习表。
2. 能够结合实际设计自己的公司会计机构并配备会计人员。
3. 根据所给案例恰当地进行案例分析。

实训资料

（1）我国规范会计工作的相关法律、法规及规章知识填空，如图 10.1 所示。

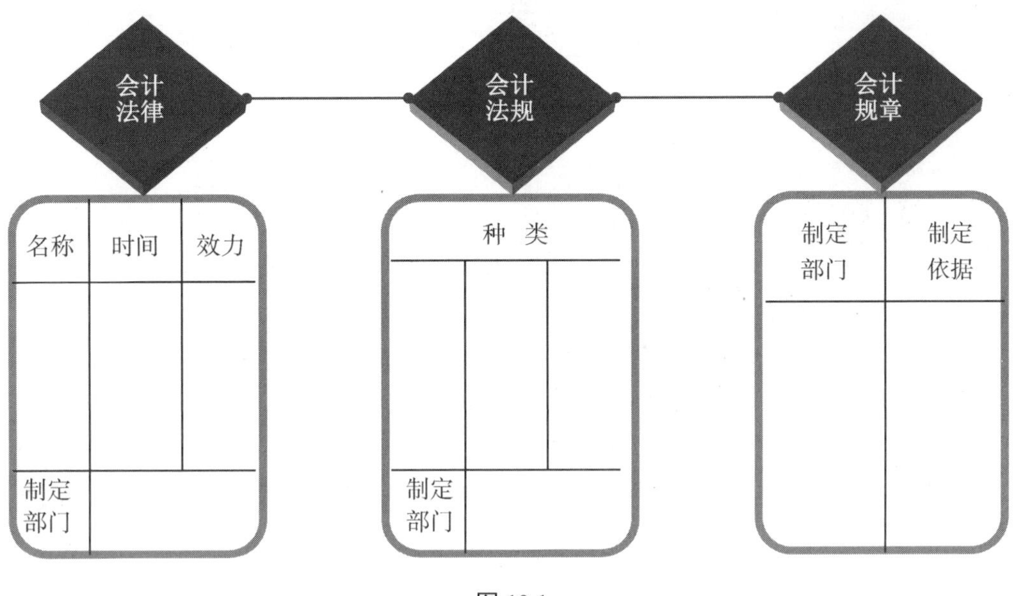

图 10.1

（2）会计工作组织形式知识填，如图 10.2 所示。

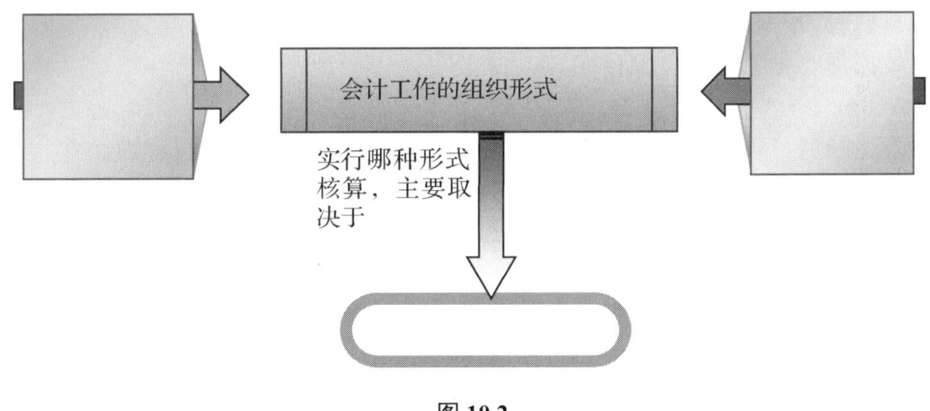

图 10.2

（3）根据所给资料分析各企业应否设置会计机构，如果不设置，则该如何处理经济业务。

① 甲企业规模较大，主要以生产和销售水泥制品为主，有两个生产车间：一个销售部，一个供应部。该企业有职工 238 人。

② 乙企业规模较小，主要零售生活日用品，有职工 4 人。

③ 丙是事业单位，没有产品的生产与销售，主要核算一些日常收支，有职工 100 人。单位没有什么需要经常核算的经济业务。

（4）会计人员职业道德填空，如图 10.3 所示。

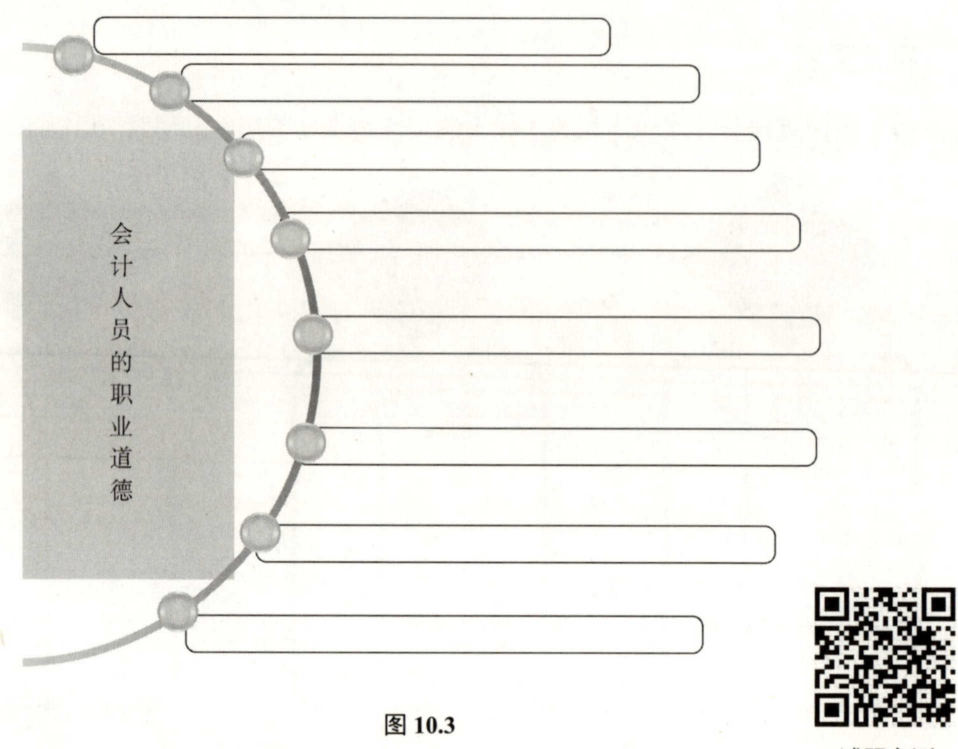

图 10.3

试题自测

（5）会计科目、总账的保管期为（　　）。

A．3 年　　B．10 年　　C．15 年　　D．20 年

（6）明细账、记账凭证及其他会计数据保存期为（　　）个会计年，（　　）个会计年之后，可根据需要删除或延长保存期。

A．2，2　　B．1，2　　C．3，2　　D．2，3

（7）万达制药公司会计王红因工作努力，钻研业务，多次被公司评为优秀。王红的同学在一家民营药厂任总经理，在其同学的多次请求下，王红将在工作中接触到的公司新产品研发计划及相关资料复印件提供给其同学，给公司带来了严重的损失，公司认为王红不宜继续担任会计工作。哪些单位可以对王红违反会计职业道德行为进行处理？（　　）

A．王红所在单位　　B．开户银行　　C．人事部门

D．财政部门　　E．会计行业组织　　F．税务部门

（8）某上市公司因经济效益下降，亏损已成定局，财务总监赵某在年度财务报告上做了一些技术处理，使公司报表由亏变盈。赵某违反的会计职业道德规范主要是（　　）。

A．提高技能　　B．廉洁自律　　C．爱岗敬业　　D．客观公正

（9）会计人员萧立看人办事“官大办得快，官小办得慢，无官拖着办”。这种做法违背了（　　）的会计职业道德规范。

A．诚实守信　　B．强化服务　　C．廉洁自律　　D．参与管理

（10）“常在河边走，就是不湿鞋”体现的会计职业道德是（　　）。

A．廉洁自律　　B．奉献社会　　C．强化服务　　D．爱岗敬业

（11）会计人员职业道德案例分析。

某施工单位为顺利签下一笔工程合同，拟向工程发包方有关人员支付好处费 15 万元。市场部经理持总经理的指示，到财务部申领该款项。财务部经理李某认为该项支出不符合有关规定，支出后也不好做账，但考虑到总经理已做指示，该项目拿下后，会为企业带来 100 万元以上的利润，于是同意拨付该笔款项，并叮嘱市场部经理想办法弄 15 万元费用的发票，以便以后做账。

要求：分析蔡某的行为违背了哪些会计职业道德？

（12）某公司财务处长小王提出要调走。董事长说：“让销售部部长小艾当财务处长吧。财务处长这个位置很关键，小艾虽是学工程的，也没接触过会计工作，但组织能力挺强的。可以边干边学嘛！”接着，他又对总会计师老魏说：“让小艾明天就到位，魏总你组织办一下他们的工作交接，并负责监交。”请问，以上说法有何不妥？

模块 *11*

综合实训

模块认知

为了使学生全面、综合、系统地掌握所学的知识，本模块设置了 3 套综合实训题，巩固学习成果。跟我一起练吧！

综合实训 *11.1*

课前热身

1. 复习会计凭证的种类。
2. 复习会计凭证的编制方法。
3. 复习账簿的种类和记账方法。

实训要求

1. 根据资料 1 开设原材料、库存商品总账和明细账，并登记期初余额。
2. 根据资料 2 填制记账凭证。
3. 根据记账凭证，登记原材料、库存商品总账和明细账，并结出本期发生额和期末余额。
4. 根据总账和明细账资料编制 7 月份原材料、库存商品账户发生额和余额平衡表，试算平衡。

实训资料

资料 1　华龙实业有限责任公司 2020 年 7 月初各账户余额如表 11.1 所示。

表 11.1　总账账户余额表

账户名称	金 额	账户名称	金 额
库存现金	30 000	短期借款	500 000
银行存款	680 000	应付账款	90 000
应收账款	60 000	预收账款	60 000
原 材 料	32 000	应交税费	80 000
库存商品	86 000	应付利息	6 000
预付账款	8 000	累计折旧	414 000
固定资产	4 430 000	实收资本	4 500 000
无形资产	674 000	未分配利润	350 000
合 计	6 000 000	合 计	6 000 000

明细账账户期初余额如下。

① 原材料 32 000 元。其中：

A 材料 600 kg，单位成本 20 元，计 12 000 元。

B 材料 500 kg，单位成本 40 元，计 20 000 元。

② 库存商品 86 000 元。其中：

甲产品 100 件，单位成本 500 元，计 50 000 元。

乙产品 60 件，单位成本 600 元，计 36 000 元。

资料 2　华龙实业有限责任公司 7 月份发生经济业务如下。

（1）1 日，购入 A 材料 1 600 kg，单价 19 元/kg；B 材料 800 kg，单价 39 元/kg。价款计 61 600 元，增值税税额为 8 008 元。以银行存款支付。其相关原始凭证如表 11.2 和表 11.3 所示。

表 11.2　北京增值税专用发票

1100473888　　北京 发票联　　№ 10050032

开票日期：2020 年 07 月 01 日

购买方	名称：华龙实业有限责任公司 纳税人识别号：91110115582861102F 地址、电话：北京市大兴区南五环路208号 开户行及账号：中国工商银行北京市红星分理处 201310001988630135					密码区	（略）
货物或应税劳务、服务名称	规格型号	单位	数量	单价	金额	税率	税额
A 材料		kg	1600	19.00	30400.00	13%	3952.00
B 材料		kg	800	39.00	31200.00	13%	4056.00
合 计					¥61600.00		¥8008.00
价税合计（大写）	⊗陆万玖仟陆佰零捌元整				（小写）¥69608.00		
销售方	名称：北京达利工厂 纳税人识别号：911101080108974906 地址、电话：北京市西单大街 89 号 开户行及账号：中国银行西单支行 010669260540033304					备注	北京达利工厂 911101080108974906 发票专用章

第二联：发票联 购买方记账凭证

收款人：张新　　复核：　　开票人：刘力　　销售方（章）：

表 11.3

中国工商银行 转账支票存根 XVI00000004
附加信息
出票日期：2020 年 07 月 01 日
收款人：北京达利工厂
金　额：¥69608.00
用　途：购材料
单位主管　　　　会计

（2）2 日，上述 A、B 两种材料运到，验收入库。以转账支票支付运输费 2 400 元，按重量比例分配，并按实际采购成本入账。其相关原始凭证如表 11.4、表 11.5 和表 11.6 所示。

表 11.4

北京增值税专用发票

1100473888　　　　北京　发票联　　　　№ 0285453

开票日期：2020 年 07 月 02 日

购买方	名称：华龙实业有限责任公司 纳税人识别号：91110115582861102F 地址、电话：北京市大兴区南五环路208号 开户行及账号：中国工商银行北京市红星分理处 201310001988630135				密码区	（略）	
货物或应税劳务、服务名称	规格型号	单位	数量	单价	金额	税率	税额
*运输服务*运输费		次	1	2201.83	2201.83	9%	198.17
合　计					¥2201.83		¥198.17
价税合计（大写）	⊗贰仟肆佰元整				（小写）¥2400.00		
销售方	名称：北京达利工厂 纳税人识别号：911101080108974906 地址、电话：北京市西单大街 89 号 开户行及账号：中国银行西单支行 010669260540033304				备注	运输： A 材料 1600kg B 材料 800kg （北京达利工厂 911101080108974906 发票专用章）	

第二联：发票联　购买方记账凭证

收款人：张新　　复核：　　开票人：刘力　　销售方（章）：

提示

计算采购材料增值税时，运费暂不考虑计算增值税。

表 11.5

收 料 单

供货单位：北京达利工厂　　　　　　　　　　　　　　材料类别：原材料

发票号码：10050032　　　　2020 年 07 月 02 日　　　　材料仓库：2 号

材料名称	单位	数量		实际成本														
		应收	实收	单价	发票价格	运输费	合计											
							亿	千	百	十	万	千	百	十	元	角	分	
A 材料	kg	1600	1000	19.00	30400	1600				¥	3	2	0	0	0	0	0	
B 材料	kg	800	800	39.00	31200	800				¥	3	2	0	0	0	0	0	
备注：				附单据：2 张														

表 11.6

中国工商银行
转账支票存根
XVI00000049

附加信息

出票日期：2020 年 07 月 02 日

收款人：	北京达利工厂
金　额：	¥2400.00
用　途：	运费

单位主管　　　　会计

（3）3 日，收到还前欠货款 40 000 元，存入银行。其相关原始凭证如表 11.7 所示。

表 11.7

中国工商银行 进 账 单（收账通知）　　3

2020 年 07 月 03 日

出票人	全　称	北京友谊公司	收款人	全　称	华龙实业有限责任公司
	账　号	010200000145		账　号	201310001988630135
	开户银行	中国工商银行北京市新会支行		开户银行	中国工商银行北京市红星分理处

金额	人民币（大写） ⊗肆万元整	亿	千	百	十	万	千	百	十	元	角	分
					¥	4	0	0	0	0	0	0

票据种类	支票	票据张数	1
票据号码	81		

中国工商银行北京市红星分理处 2020.07.03 转 模拟 讫

复核　　记账　　　　　　　　收款人开户银行签章

此联是收款人开户银行交给收款人的收账通知

（4）4日，生产甲产品，领用A材料1 000 kg，单价20元/kg；B材料500 kg，单价40元/kg。生产乙产品，领用A材料400 kg，单价20元/kg；B材料600 kg，单价40元/kg。其相关原始凭证如表11.8所示。

表11.8

领料单

2020年07月04日　　元

用途	材料名称及耗用成本		合计
	A材料	B材料	
甲产品耗用	20000	20000	40000
乙产品耗用	8000	24000	32000
合计	28000	44000	72000

（5）4日，销售甲产品80件，每件售价750元，销售乙产品30件，每件售价900元。货款总计87 000元，应交增值税11 310元。货款办妥托收手续。其相关原始凭证如表11.9、表11.10和表11.11所示。

表11.9

北京增值税专用发票

1100061650　　北京　　№ 21879139

记账联　　开票日期：2020年07月04日

购买方	名称：珠海银丽公司 纳税人识别号：92440400628638321L 地址、电话：珠海市金湾区明珠街56号 开户行及账号：中国工商银行珠海市立信支行201310280018002				密码区	（略）		
货物或应税劳务、服务名称	规格型号	单位	数量	单价	金额	税率	税额	
甲产品		件	80	750.00	60000.00	13%	7800.00	
乙产品		件	30	900.00	27000.00	13%	3510.00	
合计					¥87000.00		¥11310.00	
价税合计（大写）	⊗玖万捌仟叁佰壹拾元整				（小写）¥98310.00			
销售方	名称：华龙实业有限责任公司 纳税人识别号：91110115582861102F 地址、电话：北京市大兴区南五环路208号 开户行及账号：中国工商银行北京市红星分理处201310001988630135				备注	华龙实业有限责任公司 91110115582861102F 发票专用章		

第三联：记账联 销售方记账凭证

收款人：杜丽　　复核：　　开票人：王群　　销售方（章）：

表 11.10

中国工商银行 转账支票存根 XⅥ00000050
附加信息
出票日期：2020 年 07 月 04 日
收款人：北京铁路运输处
金　额：¥1000.00
用　途：运费
单位主管　　　会计

表 11.11

托收凭证（回单联）　　1

2020 年 07 月 04 日

业务类型	托收承付（☐ 邮划、☑ 电划）					
付款人 全称	珠海银丽公司		收款人 全称	华龙实业有限责任公司		
付款人 账号	201310280018002		收款人 账号	201310001988630135		
付款人 地址	珠海市	开户行 中国工商银行珠海市立信支行	收款人 地址	北京市	开户行	中国工商银行北京市红星分理处

金额	人民币（大写） ⊗玖万玖仟叁佰壹拾元整	亿	千	百	十	万	千	百	十	元	角	分
					¥	9	9	3	1	0	0	0

款项内容	销货款	托收凭据名称	增值税专用发票等	附寄单证张数	3
商品发运情况	已发运		合同名称号码		
备注： 复核　　　记账	上列款项已划回收入你方账户内。 （中国工商银行北京市红星分理处 2020.07.04 转讫 模拟） 2020 年 07 月 04 日				

此联收款人开户行给收款人的回单

（6）6 日，托收的销货款收妥入账。其相关原始凭证如表 11.12 所示。

表 11.12

托收凭证（收账通知） 4

委托日期 2020 年 07 月 04 日

业务类型	托收承付（☐ 邮划、☑ 电划）					
付款人 全称	珠海银丽公司			收款人 全称	华龙实业有限责任公司	
付款人 账号	201310280018002			收款人 账号	201310001988630135	
付款人 地址	珠海市	开户行	中国工商银行珠海市立信支行	收款人 地址	北京市 开户行	中国工商银行北京市红星分理处
金额 人民币（大写）	⊗玖万玖仟叁佰壹拾元整			亿千百十万千百十元角分	¥ 9 9 3 1 0 0 0	
款项内容	销货款	托收凭据名称	增值税专用发票等	附寄单证张数	3	
商品发运情况	已发运			合同名称号码		
备注： 复核 记账		中国工商银行北京市红星分理处 2020.07.06 转 模拟 讫 款项收妥日期 2020 年 07 月 06 日		收款人开户银行签章 2020 年 07 月 06 日		

此联收款人开户行给收款人的收账通知

（7）7 日，购入 A 材料 1 200 kg，单价 18 元/kg；B 材料 1 000 kg，单价 38 元/kg。货款 59 600 元，增值税税额 7 748 元。货款尚未支付。其相关原始凭证如表 11.13 所示。

表 11.13

北京增值税专用发票

1100005411　　北京 发票联　　№ 01589218

开票日期：2020 年 07 月 07 日

购买方	名称：华龙实业有限责任公司 纳税人识别号：91110115582861102F 地址、电话：北京市大兴区南五环路208 号 开户行及账号：中国工商银行北京市红星分理处 201310001988630135				密码区	（略）	
货物或应税劳务、服务名称	规格型号	单位	数量	单价	金额	税率	税额
A 材料		kg	1 200	18.00	21600.00	13%	2808.00
B 材料		kg	1 000	38.00	38000.00	13%	4940.00
合 计					¥59600.00		¥7748.00
价税合计（大写）	⊗陆万柒仟叁佰肆拾捌元整					（小写）¥67348.00	
销售方	名称：北京新华公司 纳税人识别号：911100006102879317 地址、电话：北京市人民大街 98 号 开户行及账号：中国建设银行北京市大商分理处 201390060540663398				备注	北京新华公司 911100006102879317 发票专用章	

收款人：潘宇新　　复核：　　开票人：华爽　　销售方（章）：

第二联：发票联 购买方记账凭证

（8）8 日，购入的 A、B 材料运到验收入库，以存款支付运输费 4 400 元。按重量比例分配，并按实际采购成本入账。其相关原始凭证如表 11.14 至表 11.17 所示。

表 11.14

中国工商银行
转账支票存根
XVI00000051

附加信息

出票日期：2020 年 07 月 08 日

收款人：北京金地运输公司
金 额：¥4400.00
用 途：运费

单位主管 会计

表 11.15

北京增值税专用发票

1100990854

北京 发票联

№ 10530181

开票日期：2020 年 07 月 08 日

购买方	名 称：华龙实业有限责任公司 纳税人识别号：91110115582861102F 地 址、电 话：北京市大兴区南五环路208号 开户行及账号：中国工商银行北京市红星分理处 2013100019886630135					密码区	（略）
货物或应税劳务、服务名称	规格型号	单位	数量	单价	金额	税率	税额
*运输服务*运输费		次	1	4036.70	4036.70	9%	363.30
合 计					¥4036.70		¥363.30
价税合计（大写）	⊗肆仟肆佰元整				（小写）¥4400.00		
销售方	名 称：北京金地运输公司 纳税人识别号：911101154529703612 地 址、电 话：北京市大兴区南五环路 25 号 开户行及账号：中国建设银行大兴支行 201390633740661697					备注	运费： A 材料 1200kg B 材料 1000kg

第二联：发票联 购买方记账凭证

收款人：王飞 复核： 开票人：于红 销售方（章）：

表 11.16 **材料运费分配表** 元

材料名称	重 量	运输费总额	分配率（元/kg）	分配金额
A 材料	1200kg	4400.00	2.00	2400.00
B 材料	1000kg			2000.00

会计主管： 记账： 制单：

表 11.17 **收 料 单**

供货单位：北京新华公司 材料类别：原材料

发票号码：01589218 2020 年 07 月 08 日 材料仓库：2 号、3 号

材料名称	单位	数量		实际成本													
		应收	实收	单价	发票价格	运输费	合计										
							亿	千	百	十	万	千	百	十	元	角	分
A 材料	kg	1200	1200	18.00	21600	2400				¥	2	4	0	0	0	0	0
B 材料	kg	1000	1000	38.00	38000	2000				¥	4	0	0	0	0	0	0
备注：				附单据：4 张													

验收人：孙岩 制单人：刘景

（9）9 日，车间管理部门购办公用品货款 1 000 元，以现金支付。其相关原始凭证如表 11.18 所示。

表 11.18 **北京增值税专用发票**

1100512087 № 14963886

发 票 联 开票日期：2020 年 07 月 09 日

（印章：全国统一发票监制 北京 国家税务总局监制）

购买方	名 称：华龙实业有限责任公司 纳税人识别号：91110115582861102F 地 址、电 话：北京市大兴区南五环路208 号 开户行及账号：中国工商银行北京市红星分理处 201310001988630135					密码区	（略）
货物或应税劳务、服务名称	规格型号	单位	数量	单价	金额	税率	税额
笔记本	32 开	本	200	2.50	500.00	13%	65.00
油笔	双色	支	200	1.50	300.00	13%	39.00
钢笔水	蓝黑	瓶	24	3.54	84.96	13%	11.04
合 计					¥884.96		¥115.04
价税合计（大写）	⊗壹仟元整				（小写）¥1000.00		
销售方	名 称：北京沃尔玛超市 纳税人识别号：91110223064520388896 地 址、电 话：北京市东城区东长安街 82 号 开户行及账号：中国银行建行东城区支行 33008202612102369870					备注	（印章：北京沃尔玛超市 91110223064520388896 发票专用章）

第二联：发票联 购买方记账凭证

收款人：吴迪 复核： 开票人：薛燕燕 销售方（章）：

（10）11 日，生产甲产品，领用 A 材料 800 kg，单价 20 元/kg；B 材料 400 kg，单价 40 元/kg。生产乙产品领用 A 材料 600 kg，单价 20 元/kg；B 材料 700 kg，单价 40 元/kg。生产车间领用 B 材料 50 kg，单价 40 元/kg；厂部领用 A 材料 100 kg，单价 20 元/kg。其相关原始凭证如表 11.19 所示。

表 11.19

领　料　单

2020 年 07 月 11 日　　　　元

用　途	材料名称及耗用成本		合　计
	A 材料	B 材料	
甲产品耗用	16000	16000	32000
乙产品耗用	12000	28000	40000
生产车间一般耗用		2000	2000
管理部门耗用	2000		2000
合　计	30000	46000	76000

（11）12 日，购入办公用品 4 000 元，以银行存款支付。厂部领用 2 500 元，车间领用 1 500 元。其相关原始凭证如表 11.20 和表 11.21 所示。

表 11.20

北京增值税专用发票

1100512087　　　　北京　发票联　　　　№ 14963926

开票日期：2020 年 07 月 12 日

购买方	名　　称：华龙实业有限责任公司 纳税人识别号：91110115582861102F 地 址、电 话：北京市大兴区南五环路208号 开户行及账号：中国工商银行北京市红星分理处 201310001988630135					密码区	（略）	
货物或应税劳务、服务名称		规格型号	单位	数量	单价	金额	税率	税额
笔记本		32 开	本	100	12.00	1200.00	13%	156.00
钢笔			支	100	18.50	1850.00	13%	240.50
钢笔水		蓝黑	瓶	95	5.156	489.82	13%	63.68
合　计						¥3539.82		¥460.18
价税合计（大写）		⊗肆仟元整				（小写）¥4000.00		
销售方	名　　称：北京沃尔玛超市 纳税人识别号：91110223064520388896 地 址、电 话：北京市东城区东长安街 82 号 开户行及账号：中国银行建行东城区支行 3300820261210236987					备注	北京沃尔玛超市 91110223064520388896 发票专用章	

第二联：发票联　购买方记账凭证

收款人：吴迪　　复核：　　开票人：薛燕燕　　销售方（章）：

（12）15 日，从银行提取现金 120 000 元，准备发放职工工资。其相关原始凭证如表 11.22 所示。

表 11.21

中国工商银行
转账支票存根
XVI00000006
附加信息

出票日期：2020 年 07 月 12 日

收款人：北京沃尔玛超市
金　额：¥4000.00
用　途：支付购办公用品款

单位主管　　会计

表 11.22

中国工商银行
现金支票存根
XVI00000002
附加信息

出票日期：2020 年 07 月 15 日

收款人：华龙实业有限责任公司
金　额：¥120000.00
用　途：支付职工工资

单位主管　　会计

（13）15 日，以现金 120 000 元支付本月职工工资。其相关原始凭证如表 11.23 所示。

表 11.23

工资结算汇总表

2020 年 07 月　　元

车间部门	人员类别	应付工资				
		标准工资	各种奖金	各种津贴	缺勤扣款	合　计
生产人员	甲产品 乙产品	36000 54000	3000 4000	1000 2000		40000 60000
车间人员		6000	1000	1000		8000
管理人员		9000	2000	1000		12000
合　计		105000	10000	5000		120000

复核：林丽　　制表：高云

（14）17 日，以银行存款支付前欠货款 40 000 元。其相关原始凭证如表 11.24 所示。

（15）20 日，以银行存款支付下年度保险费 120 000 元。其相关原始凭证如表 11.25 所示。

表 11.24

中国工商银行
转账支票存根
XVI00000052
附加信息

出票日期：2020 年 07 月 17 日

收款人：北京新华公司
金　额：¥40000.00
用　途：购材料

单位主管　　会计

表 11.25

中国工商银行
转账支票存根
XVI00000053
附加信息

出票日期：2020 年 07 月 20 日

收款人：北京市社会保险基金管理中心
金　额：¥120000.00
用　途：预付保险费

单位主管　　会计

（16）21 日，从银行借入 1 000 000 元，期限 2 年。存入银行存款账户。其相关原始凭证如表 11.26 所示。

表 11.26

贷款凭证（3）（回单）

2020 年 07 月 21 日

<table>
<tr><td>贷款单位</td><td>华龙实业有限责任公司</td><td>种类</td><td>长期</td><td>贷款户账号</td><td colspan="10">2013100019886 30135</td></tr>
<tr><td rowspan="2">金额</td><td colspan="4" rowspan="2">人民币（大写）⊗壹佰万元整</td><td>千</td><td>百</td><td>十</td><td>万</td><td>千</td><td>百</td><td>十</td><td>元</td><td>角</td><td>分</td></tr>
<tr><td>¥</td><td>1</td><td>0</td><td>0</td><td>0</td><td>0</td><td>0</td><td>0</td><td>0</td><td>0</td></tr>
<tr><td rowspan="2">用途</td><td rowspan="2">建造厂房</td><td colspan="2">单位申请期限</td><td colspan="11">自 2020 年 07 月 21 日至 2022 年 07 月 21 日</td></tr>
<tr><td colspan="2">银行核定期限</td><td colspan="11">自 2020 年 07 月 21 日至 2022 年 07 月 21 日</td></tr>
<tr><td colspan="5">上述贷款已核准发放贷款。
并已划入你单位账号。
年利率 7.5%
中国工商银行北京市红星分理处 2020.07.21 转 模拟 讫
银行签章　　2020 年 7 月 21 日</td><td colspan="10">单位会计分录
收入
付出
复核　　记账
主管　　会计</td></tr>
</table>

此联贷款行给贷款人的回单

（17）23 日，接受投资设备 500 000 元，期限 10 年。其相关原始凭证如表 11.27 所示。

表 11.27

固定资产投资入账单

2020 年 07 月 23 日

<table>
<tr><td rowspan="2">投资单位</td><td>名　称</td><td colspan="2">北京昌盛有限公司</td><td colspan="5">企业代码</td><td colspan="5">101</td></tr>
<tr><td>地址、电话</td><td colspan="2">010-83237898</td><td colspan="5">开户银行及账号</td><td colspan="5">中国工商银行北京市分行 20131000198862 0145</td></tr>
<tr><td>投资名称</td><td>计量单位</td><td>数　量</td><td>单　价</td><td colspan="9">金　额</td><td>投资方式</td></tr>
<tr><td>设备</td><td>台</td><td>10</td><td>50000</td><td>百</td><td>十</td><td>万</td><td>千</td><td>百</td><td>十</td><td>元</td><td>角</td><td>分</td><td rowspan="2">固定资产投资</td></tr>
<tr><td>价税合计（大写）</td><td colspan="3">⊗伍拾万元整</td><td>¥</td><td>5</td><td>0</td><td>0</td><td>0</td><td>0</td><td>0</td><td>0</td><td>0</td></tr>
<tr><td rowspan="2">接受单位</td><td>名　称</td><td colspan="2">华龙实业有限责任公司</td><td colspan="5">企业代码</td><td colspan="5">128</td></tr>
<tr><td>地址、电话</td><td colspan="2">北京市大兴区南五环路 208 号</td><td colspan="5">开户银行及账号</td><td colspan="5">中国工商银行北京市红星分理处 20131000119886 30135</td></tr>
</table>

华龙实业有限责任公司 发票专用章

（18）24 日，以银行存款支付前欠货款 40 000 元。其相关原始凭证如表 11.28 所示。

表 11.28

中国工商银行 电汇凭证（回单）

1

☑普通 ☐加急 委托日期 2020 年 07 月 24 日

<table>
<tr><td rowspan="3">汇款人</td><td>全 称</td><td>华龙实业有限责任公司</td><td rowspan="3">收款人</td><td>全 称</td><td colspan="11">天津大发公司</td></tr>
<tr><td>账 号</td><td>201310001988630135</td><td>账 号</td><td colspan="11">03045896300000088</td></tr>
<tr><td>汇出地点</td><td>省 北京 市/县</td><td>汇入地点</td><td colspan="11">省 天津 市/县</td></tr>
<tr><td colspan="2">汇出行名称</td><td>中国工商银行北京市红星分理处</td><td colspan="2">汇入行名称</td><td colspan="11">中国工商银行天津市华奥分理处</td></tr>
<tr><td rowspan="2">金额</td><td colspan="4" rowspan="2">人民币（大写）⊗肆万元整</td><td>亿</td><td>千</td><td>百</td><td>十</td><td>万</td><td>千</td><td>百</td><td>十</td><td>元</td><td>角</td><td>分</td></tr>
<tr><td></td><td></td><td></td><td>¥</td><td>4</td><td>0</td><td>0</td><td>0</td><td>0</td><td>0</td><td>0</td></tr>
<tr><td colspan="3" rowspan="2">中国工商银行北京市红星分理处 2020.07.24 转 模拟 讫
汇出行盖章</td><td colspan="2">支付密码</td><td colspan="11"></td></tr>
<tr><td colspan="13">附加信息及用途：支付购料款
复核 记账</td></tr>
</table>

（19）30 日，结转本月应付职工工资 120 000 元。其中，甲产品生产工人工资 40 000 元，乙产品生产工人工资 60 000 元，车间管理人员工资 8 000 元，厂部管理人员工资 12 000 元。其相关原始凭证如表 11.29 所示。

表 11.29

工资费用分配表

2020 年 07 月 元

用 途	工资总额	合 计
生产甲产品人员	40000	40000
生产乙产品人员	60000	60000
车间管理人员	8000	8000
行政管理人员	12000	12000
合 计	120000	120000

（20）30 日，提取本月固定资产折旧 150 000 元。其中，生产车间固定资产折旧 120 000 元，行政管理部门固定资产折旧 30 000 元。其相关原始凭证如表 11.30 所示。

表 11.30

固定资产折旧费用分配表

2020 年 07 月 元

使用部门	折旧方法	折旧金额
生产车间	年数总和法	120000
管理部门	平均年限法	30000
合 计		150000

制表：高云

（21）30 日，计提短期借款利息 2 500 元。其相关原始凭证如表 11.31 所示。

表 11.31

预提银行借款利息计算表

2020 年 07 月　　　　元

借款种类	金　额	利　率	本月应提利息	备　注
流动资金周转借款	500000	0.5%	2500	500000×0.5%=2500

主管：林平　　记账：高云　　复核：杨柳　　制表：田玉

（22）30 日，摊销负担的保险费 8 000 元。其中，生产车间 6 000 元，厂部 2 000 元。其相关原始凭证如表 11.32 所示。

表 11.32

保险费用摊销表

2020 年 07 月　　　　元

使用部门	摊销方法	保险费
生产车间	直线法	6000
管理部门	直线法	2000
合　计		8000

制表：高云

（23）30 日，以银行存款支付本月广告费 20 000 元。其相关原始凭证如表 11.33 和表 11.34 所示。

表 11.33

北京增值税专用发票

1100201035　　北京 发票联　　№ 10810425

开票日期：2020 年 07 月 30 日

<table>
<tr><td>购买方</td><td colspan="5">名　　称：华龙实业有限责任公司
纳税人识别号：91110115582861102F
地 址、电 话：北京市大兴区南五环路 208 号
开户行及账号：中国工商银行北京市红星分理处 2013100019886301 35</td><td>密码区</td><td colspan="3">（略）</td></tr>
<tr><td colspan="2">货物或应税劳务、服务名称</td><td>规格型号</td><td>单位</td><td>数量</td><td>单价</td><td>金额</td><td>税率</td><td>税额</td></tr>
<tr><td colspan="2">*广告代理服务*广告费</td><td></td><td>项</td><td>1</td><td>18867.92</td><td>18867.92</td><td>6%</td><td>1132.08</td></tr>
<tr><td colspan="2">合　计</td><td></td><td></td><td></td><td></td><td>¥18867.92</td><td></td><td>¥1132.08</td></tr>
<tr><td colspan="2">价税合计（大写）</td><td colspan="7">⊗贰万元整　　（小写）¥20000.00</td></tr>
<tr><td>销售方</td><td colspan="5">名　　称：北京一新广告公司
纳税人识别号：911101025604026579
地 址、电 话：北京西城区灵净胡同甲 155 号
开户行及账号：中国工商银行北京西单支行 6220513499880698 4551</td><td>备注</td><td colspan="2">北京一新广告公司
911101025604026579
发票专用章</td></tr>
</table>

收款人：王新　　复核：　　开票人：李华　　销售方（章）：

第二联：发票联　购买方记账凭证

表 11.34

中国工商银行
转账支票存根
XVI00000054
附加信息

出票日期：2020年07月30日

收款人：北京一新广告公司
金　额：¥20000.00
用　途：广告费

单位主管　　　　会计

（24）30 日，结转本月产品负担的制造费用，按甲产品、乙产品生产工人工资比例分配。其相关原始凭证如表 11.35 所示。

表 11.35

制造费用分配表

2020年07月30日　　　　元

受益对象	分配标准（生产工人工资）	分配率	金　额
甲产品	40000	1.385	55400
乙产品	60000	1.385	83100
合　计	100000	1.385	138500

制表：高云

（25）30 日，本月甲产品完工 360 件、乙产品 400 件，结转完工产品成本。其相关原始凭证如表 11.36 和表 11.37 所示。

表 11.36

产品生产成本计算表

2020年07月30日　　　　元

成本项目	甲产品（360件）		乙产品（400件）	
	总成本	单位成本	总成本	单位成本
直接材料	72000	200.00	72000	180.00
直接人工	40000	111.11	60000	150.00
制造费用	55400	153.89	83100	207.75
合　计	167400	465.00	215100	537.75

制表：高云

表 11.37

库存商品 入 库 单

2020年07月30日　　　　元

品　名	单　位	数　量	单位成本	实际成本	备　注
甲产品	件	360	465.00	167400	
乙产品	件	400	537.75	215100	
合　计		760		382500	

缴库人：徐思　　　　验收人：魏佳佳

（26）30 日，销售甲产品 350 件，每件售价 750 元。货款 262 500 元，应交增值税 34 125 元。货款存入银行。其相关原始凭证如表 11.38 和表 11.39 所示。

表 11.38

北京增值税专用发票

1100061650　　　　　　　　　　　　　　　　　　　　　№ 21879240

记　账　联　　　　　　　　开票日期：2020 年 07 月 30 日

购买方	名　　　　称：北京昌通公司 纳税人识别号：911101087932421085 地 址、电 话：北京市东单大街 5 号 开户行及账号：中国工商银行北京市新会支行 201310280118002				密码区	（略）	
货物或应税劳务、服务名称	规格型号	单位	数量	单价	金额	税率	税额
甲产品		件	350	750.00	262500.00	13%	34125.00
合　计					¥262500.00		¥34125.00
价税合计（大写）	⊗贰拾玖万陆仟陆佰贰拾伍元整				（小写）¥296625.00		
销售方	名　　　　称：华龙实业有限责任公司 纳税人识别号：91110115582861102F 地 址、电 话：北京市大兴区南五环路208 号 开户行及账号：中国工商银行北京市红星分理处 201310001988630135				备注	华龙实业有限责任公司 91110115582861102F 发票专用章	

收款人：杜丽　　　复核：　　　开票人：王群　　　销售方（章）：

第三联：记账联　销售方记账凭证

表 11.39

中国工商银行 进 账 单（收账通知）　　　3

2020 年 07 月 30 日

出票人	全　　称	北京昌通公司	收款人	全　　称	华龙实业有限责任公司
	账　　号	201310280118002		账　　号	201310001988630135
	开户银行	中国工商银行北京市新会支行		开户银行	中国工商银行北京市红星分理处
金额	人民币（大写）	⊗贰拾玖万陆仟陆佰贰拾伍元整		亿千百十万千百十元角分	¥29662500
票据种类	支票	票据张数	1		
票据号码	426				
复核　记账				收款人开户银行签章	

中国工商银行北京市红星分理处 2020.07.30 转 模拟 讫

此联是收款人开户银行交给收款人的收账通知

（27）30 日，销售乙产品 350 件，每件售价 960 元。货款 336 000 元，应交增值税 43 680 元。货款收回 200 000 元，存入银行；其余待收。其相关原始凭证如表 11.40 和表 11.41 所示。

表 11.40

北京增值税专用发票

1100061650　　北京　记账联　　№ 21879241

开票日期：2020 年 07 月 30 日

购买方	名称：北京昌通公司 纳税人识别号：911101087932421085 地址、电话：北京市东单大街 5 号 开户行及账号：中国工商银行北京市新会支行 201310280118002				密码区	（略）	
货物或应税劳务、服务名称	规格型号	单位	数量	单价	金额	税率	税额
乙产品		件	350	960.00	336000.00	13%	43680.00
合　计					¥336000.00		¥43680.00
价税合计（大写）	⊗叁拾柒万玖仟陆佰捌拾元整				（小写）¥379680.00		
销售方	名称：华龙实业有限责任公司 纳税人识别号：91110115582861102F 地址、电话：北京市大兴区南五环路208 号 开户行及账号：中国工商银行北京市红星分理处 201310001988630135				备注	华龙实业有限责任公司 91110115582861102F 发票专用章	

收款人：杜丽　　复核：　　开票人：王群　　销售方（章）：

第三联：记账联　销售方记账凭证

表 11.41

中国工商银行 进 账 单（收账通知）　3

2020 年 07 月 30 日

出票人	全　称	北京昌通公司	收款人	全　称	华龙实业有限责任公司
	账　号	201310280118002		账　号	201310001988630135
	开户银行	中国工商银行北京市新会支行		开户银行	中国工商银行北京市红星分理处
金额	人民币（大写）	⊗贰拾万元整		亿千百十万千百十元角分	¥20000000
票据种类	支票	票据张数	1		
票据号码	427				
	复核　记账			中国工商银行北京市红星分理处 2020.07.30 转 模拟 讫 收款人开户银行签章	

此联是收款人开户银行交给收款人的收账通知

（28）30 日，结转已售甲产品、乙产品主营业务成本。其相关原始凭证如表 11.42 所示。

表 11.42

商品销售成本计算单

2020 年 07 月 30 日　　　　元

商品名称	销售数量	单位成本	总成本
甲产品	430	465.00	199950
乙产品	380	537.75	204345
合　计	810		404295

（29）30 日，将主营业务收入结转到“本年利润”账户。

（30）30 日，将主营业务成本、销售费用、财务费用、管理费用结转到“本年利润”账户。

综合实训 11.2

课前热身

1. 复习采购成本核算的方法。
2. 复习生产成本核算的方法。
3. 复习销售成本核算的方法。

实训要求

1. 根据资料计算甲、乙产品的采购成本。
2. 根据资料计算甲、乙产品的生产成本。
3. 根据资料计算甲、乙产品的销售成本。

实训资料

华龙实业有限责任公司 2020 年 8 月发生的经济业务如下。

（1）2020 年 8 月 10 日，华龙实业有限责任公司从北京一洋公司购入 A 材料 2 000 kg、B 材料 1 600 kg。A 材料单价为 20 元、B 材料单价为 40 元，共同由奇瑞运输公司运输，共发生运输费用 900 元。两种材料同时到达企业验收入库。

请将运输费用按材料的重量比例在两种材料之间进行分配，计算 A 材料、B 材料的采购成本，填制采购成本计算单。其相关原始凭证如表 11.43 和表 11.44 所示。

表 11.43

材料费用分配表

年　月　日　　　　元

材料名称	实际重量	单　位	分配率	应分配费用
A 材料	2000	kg		
B 材料	1600	kg		
合　计	3600			900.00

表 11.44

材料采购成本计算单

年 月 日

元

成本项目	A 材料		B 材料	
	总成本（2 000 kg）	单位成本	总成本（1 600 kg）	单位成本
买价				
运输费				
采购成本				

（2）华龙实业有限责任公司 2020 年 8 月份在生产经营过程中发生的各项经济业务原始凭证如表 11.45 至表 11.50 所示。根据各项费用分配表，自行计算填制产品生产成本计算表（见表 11.51）及产成品入库单（见表 11.52）。

表 11.45

材料耗用汇总表

2020 年 08 月

元

材料名称 / 材料用途	材料名称		合 计
	A 材料	B 材料	
生产甲产品	50000	48000	98000
生产乙产品	45000	2000	47000
车间一般材料耗用	2000	3800	5800
厂部一般材料耗用	3000	1000	4000
销售部展览	1000	1200	2200
合 计	101000	56000	157000

制表：高云

表 11.46

工资福利费用分配表

2020 年 08 月

元

项 目 / 部门人员	工资总额	职工福利费（14%）	合 计
生产甲产品工人	80500	11270	91770
生产乙产品工人	60000	8400	68400
车间管理人员	18000	2520	20520
行政管理人员	20000	2800	22800
销售部门人员	46000	6440	52440
长病假人员	3000	420	3420
合 计	227500	31850	259350

制表：高云

表 11.47

固定资产折旧费用分配表

2020年08月 元

使用部门 项 目	生产车间	行政部门	合计
折旧费	21000	9500	30500

制表：高云

表 11.48

外购动力电费分配表

2020年08月 元

费用内容 产品或部门		电表耗用量/度	分配率	分配金额
基本生产	甲产品	11000	0.60	6600
	乙产品	14000	0.60	8400
	小计	25000	0.60	15000
制造费用	一车间	1000	0.60	600
管理费用	行政部门	2000	0.60	1200
销售费用	销售部门	700	0.60	420
合 计		28700	0.60	17220

制表：高云

表 11.49

外购动力水费分配表

2020年08月 元

费用金额 产品或部门		水表耗用量/吨	分配率	分配金额
基本生产	甲产品	6000	2.00	12000
	乙产品	5000	2.00	10000
	小计	11000	2.00	22000
制造费用	一车间	700	2.00	1400
管理费用	行政部门	500	2.00	1000
销售费用	销售部门	300	2.00	600
合 计		12500	2.00	25000

制表：高云

表 11.50

制造费用分配表

2020年08月　　　元

项目 受益对象	分配标准（生产工时）	分配率	金额
甲产品	52300	0.5	26150
乙产品	46340	0.5	23170
合计	98640	0.5	49320

制表：高云

表 11.51

产品生产成本计算表

2020年08月　　　元

成本项目	甲产品（460件）		乙产品（260件）	
	总成本	单位成本	总成本	单位成本
直接材料				
直接工资				
制造费用				
合计				

（甲产品、乙产品均已完工入库，无在产品）　　制表：高云

表 11.52

产成品入库单

2020年08月　　　元

产品名称	数量	单价	金额
合计			

制表：高云

（3）2020年8月，华龙实业有限责任公司对外销售甲产品400件、乙产品200件。甲产品、乙产品单位生产成本见表11.51中的计算结果。要求自行计算填制销售产品成本计算表，如表11.53所示。

表 11.53

销售产品成本计算表

2020年08月31日　　　元

产品名称	销售数量	单位成本	销售总成本
合计			

制表：高云

综合实训 11.3

课前热身

1. 复习会计凭证的种类。
2. 复习会计凭证的编制方法。
3. 复习账簿的种类和记账方法。

实训要求

1. 根据以上经济业务，编制记账凭证。
2. 登记现金日记账和银行存款日记账。
3. 登记应收账款、应付账款明细账。
4. 编制记账凭证汇总表。
5. 根据记账凭证汇总表登记总账。

实训资料

华龙实业有限责任公司 2020 年 9 月 1 日有关账户余额如表 11.54 所示。

表 11.54　　总分类账户余额表　　元

账户名称	金　额	账户名称	金　额
库存现金	5 240	短期借款	148 500
银行存款	505 910	应付账款	9 600
应收账款	5 550	应交税费	8 400
原材料	66 000	实收资本	763 500
生产成本	23 300		
库存商品	28 000		
固定资产	348 000		
累计折旧	−52 000		
合　计	930 000	合　计	930 000

明细账账户余额如下。

应收账款——北京联益公司　　5 550.00

应付账款——天津大发公司　　9 600.00

该企业 9 月份发生的经济业务如下。

（1）1 日，以银行存款 30 000 元偿还银行借款。其相关原始凭证如表 11.55 所示。

表 11.55

代银行转账传票
代银行支款通知
代银行收款通知

特种转账传票

字第＿＿＿号

报单号码：＿＿＿＿＿

<table>
<tr><td rowspan="2">付款行</td><td>行号</td><td></td><td>转账</td><td>2020 年 09 月 01 日</td><td rowspan="2">收款行</td><td>行号</td><td></td><td>转账</td><td>2020 年 09 月 01 日</td></tr>
<tr><td>行名</td><td colspan="3">中国工商银行</td><td>行名</td><td colspan="3">中国工商银行</td></tr>
<tr><td rowspan="2">付款单位</td><td>全　称</td><td colspan="3">华龙实业有限责任公司</td><td rowspan="2">收款单位</td><td>全　称</td><td colspan="3">中国工商银行北京市红星分理处</td></tr>
<tr><td>账　号</td><td colspan="3">20131000198863O135</td><td>账　号</td><td colspan="3">200001224421469</td></tr>
<tr><td>人民币（大写）</td><td colspan="6">⊗叁万元整</td><td colspan="3">亿 千 百 十 万 千 百 十 元 角 分
¥ 3 0 0 0 0 0 0</td></tr>
<tr><td>原凭证金额</td><td colspan="2">¥</td><td>赔偿金</td><td>¥</td><td rowspan="3">会计分录</td><td colspan="4">（收）＿＿＿＿＿¥
（收）＿＿＿＿＿¥
（付）＿＿＿＿＿¥
（付）＿＿＿＿＿¥</td></tr>
<tr><td>原凭证名称</td><td colspan="2"></td><td>号　码</td><td></td><td colspan="4"></td></tr>
<tr><td>转账原因</td><td colspan="4">归还短期借款本金</td><td colspan="4"></td></tr>
</table>

附件　张

中国工商银行北京市 红星分理处 2020.09.01 转 模拟 讫

银行公章：　　　　复核　　　　记账

（2）2 日，从银行提取现金 3 000 元。其相关原始凭证如表 11.56 所示。

表 11.56

中国工商银行

现金支票存根

XVI00000009

附加信息＿＿＿＿＿＿＿＿

出票日期：2020 年 09 月 02 日

收款人：华龙实业有限责任公司
金　额：¥3000.00
用　途：备用

单位主管　　　　会计

（3）2日，以银行存款偿还前欠货款9 600元。其相关原始凭证如表11.57所示。

表11.57

中国工商银行 电汇凭证（回单） 1

☑普通 ☐加急 委托日期 2020年09月02日

汇款人	全称	华龙实业有限责任公司	收款人	全称	天津大发公司
	账号	201310001988630135		账号	03045896300000088
	汇出地点	省 北京 市/县		汇入地点	省 天津市/县
汇出行名称		中国工商银行北京市红星分理处	汇入行名称		中国工商银行天津市华奥分理处

金额	人民币（大写）⊗玖仟陆佰元整	亿	千	百	十	万	千	百	十	元	角	分
						¥	9	6	0	0	0	0

汇出行盖章	支付密码
	附加信息及用途：还前欠货款
	复核 记账

中国工商银行北京市红星分理处 2020.09.02 转 模拟 讫

（4）3日，从银行借入9个月期限的借款80 000元。其相关原始凭证如表11.58所示。

表11.58

贷款凭证（3）（收账通知）

2020年09月03日

贷款单位	华龙实业有限责任公司	种类	短期	贷款户账号	中国工商银行北京市红星分理处 201310001988630135

金额	人民币（大写）⊗捌万元整	千	百	十	万	千	百	十	元	角	分
				¥	8	0	0	0	0	0	0

用途	流动资金周转借款	单位申请期限	自2020年09月03日至2021年06月06日
		银行核定期限	自2020年09月03日至2021年06月06日

上述贷款已核准发放贷款。 并已划入你单位账号。 月利率0.5% 银行签章 2020年09月03日	单位会计分录 收入 付出 复核 记账 主管 会计

中国工商银行北京市红星分理处 2020.09.03 转 模拟 讫

此联为贷款行给贷款人的回单

（5）4 日，采购员刘力出差，预借差旅费 2 000 元，以现金支付。其相关原始凭证如表 11.59 所示。

表 11.59

借　款　单

2020 年 09 月 04 日

<table>
<tr><td colspan="3">借款单位：供应科</td></tr>
<tr><td colspan="3">借款理由：外出联系业务</td></tr>
<tr><td colspan="3">借　　款：（大写）⊗贰仟元整　　　　　　¥2000.00</td></tr>
<tr><td colspan="3">本单位负责人意见：同意　　　　　　借款人：刘力</td></tr>
<tr><td>会计主管核批：林平</td><td>付款方式：现金　现金付讫</td><td>出纳：杜丽</td></tr>
</table>

（6）4 日，分配本月职工工资并计提福利费：生产工人工资 20 000 元，福利费 2 800 元；车间管理人员工资 6 300 元，福利费 882 元；厂部管理人员工资 10 500 元，福利费 1 470 元；销售部门人员工资 3 000 元，福利费 420 元。其相关原始凭证如表 11.60 所示。

表 11.60

工资福利费用分配表

2020 年 09 月　　　　元

用　途	工资总额	职工福利费	合　计
生产甲产品人员	8000	1120	9120
生产乙产品人员	12000	1680	13680
车间管理人员	6300	882	7182
行政管理人员	10500	1470	11970
销售人员	3000	420	3420
合　计	39800	5572	45372

（7）4 日，提取现金发放职工工资 39 800 元。其相关原始凭证如表 11.61 所示。

表 11.61

中国工商银行
现金支票存根
XVI00000011

附加信息

出票日期：2020 年 09 月 04 日

收款人：华龙实业有限责任公司
金　额：¥39800.00
用　途：支付工资

单位主管　　　　会计

（8）4 日，以现金发放工资 39 800 元。其相关原始凭证如表 11.62 所示。

表 11.62

工资费用结算表

2020 年 09 月　　元

车间部门	人员类别	应付工资				
		标准工资	各种奖金	各种津贴	缺勤扣款	合　计
生产工人	甲产品	6000	1000	1000		8000
	乙产品	10000	1000	1000		12000
车间	管理人员	6000	200	100		6300
厂部	管理人员	10000	300	200		10500
销售	管理人员	2000	500	500		3000
合　计		34000	3000	2800		39800

复核：林丽

（9）7 日，购入 B 材料 1 500 kg，单价 50 元/kg，计 75 000 元，增值税税率 13%。材料尚未到达，价款以银行存款支付。其相关原始凭证如表 11.63 和表 11.64 所示。

表 11.63

北京增值税专用发票

北京　发票联

1100005411　　№ 10530256

开票日期：2020 年 09 月 07 日

购买方	名　　称：华龙实业有限责任公司 纳税人识别号：91110115582861102F 地 址、电 话：北京市大兴区南五环路208号 开户行及账号：中国工商银行北京市红星分理处 201310001988630135					密码区	（略）	
货物或应税劳务、服务名称	规格型号	单位	数量	单价		金额	税率	税额
B 材料		kg	1500	50.00		75000.00	13%	9750.00
合　计						¥75000.00		¥9750.00
价税合计（大写）	⊗捌万肆仟柒佰伍拾元整					（小写）¥84750.00		
销售方	名　　称：北京新华公司 纳税人识别号：911100006102879317 地 址、电 话：北京市人民大街 98 号 开户行及账号：中国建设银行北京市大商分理处 201390060540663398					备注	北京新华公司 911100006102879317 发票专用章	

收款人：潘宇新　　复核：　　开票人：华爽　　销售方（章）：

第二联：发票联　购买方记账凭证

表 11.64

中国工商银行
转账支票存根
XVI00000055

附加信息

出票日期：2020 年 09 月 07 日

收款人：北京新华公司
金　额：¥84750.00
用　途：支付材料款

单位主管　　会计

（10）8 日，以银行存款支付车间办公用品费 1 500 元，支付厂部办公用品费 1 000 元。其相关原始凭证如表 11.65 和表 11.66 所示。

表 11.65

北京增值税专用发票

1100512087

发票联

№ 14964156

开票日期：2020 年 09 月 08 日

购买方	名　　称：华龙实业有限责任公司 纳税人识别号：91110115582861102F 地址、电话：北京市大兴区南五环路208号 开户行及账号：中国工商银行北京市红星分理处 201310001988630135					密码区	（略）
货物或应税劳务、服务名称	规格型号	单位	数量	单价	金额	税率	税额
笔记本	32 开	本	90	10.00	900.00	13%	117.00
钢笔		支	90	11.00	990.00	13%	128.70
钢笔水	蓝黑	瓶	90	3.5821	322.39	13%	41.91
合　计					¥2212.39		¥287.61
价税合计（大写）	⊗贰仟伍佰元整				（小写）¥2500.00		
销售方	名　　称：北京沃尔玛超市 纳税人识别号：911102230645203889 地址、电话：北京市东城区东长安街 82 号 开户行及账号：中国银行建行东城区支行 3300820261210236987					备注	北京沃尔玛超市 9111022306452038896 发票专用章

第二联：发票联　购买方记账凭证

收款人：吴迪　　复核：　　开票人：薛燕燕　　销售方（章）：

表 11.66

中国工商银行
转账支票存根
XVI00000056

附加信息

出票日期：2020 年 09 月 08 日

收款人：北京沃尔玛超市
金　额：¥2500.00
用　途：支付购办公用品款

单位主管　　　　会计

（11）8 日，预提本月负担的短期借款利息 300 元。其相关原始凭证如表 11.67 所示。

表 11.67

预提银行借款利息计算表

2020 年 09 月 08 日　　　　元

借款种类	金　额	利　率	本月应提利息	备　注
流动资金周转借款	60000	0.5%	300	60000×0.5%=300

主管：林平　　记账：高云　　复核：杨柳　　制表：田玉

（12）9 日，以银行存款支付为销售甲产品、乙产品而发生的广告费 1 500 元、展览费 500 元。其相关原始凭证如表 11.68 和表 11.69 所示。

表 11.68

北京增值税专用发票

1100201035　　北京　发票联　　№ 10810437

开票日期：2020 年 09 月 09 日

购买方	名　称：华龙实业有限责任公司 纳税人识别号：91110115582861102F 地址、电话：北京市大兴区南五环路 208 号 开户行及账号：中国工商银行北京市红星分理处 201310001988630135					密码区	（略）	
货物或应税劳务、服务名称		规格型号	单位	数量	单价	金额	税率	税额
*广告代理服务*广告费			项	1	1415.09	1415.09	6%	84.91
*广告代理服务*展览费			项	1	471.70	471.70		28.30
合　计						¥1886.79		¥113.21
价税合计（大写）		⊗贰仟元整				（小写）¥2000.00		
销售方	名　称：北京一新广告公司 纳税人识别号：911101025604026579 地址、电话：北京西城区灵净胡同甲 155 号 开户行及账号：中国工商银行北京西单支行 6220513499880698455l					备注	北京一新广告公司 911101025604026579 发票专用章	

第二联：发票联　购买方记账凭证

收款人：王新　　复核：　　开票人：李华　　销售方（章）：

表 11.69

中国工商银行
转账支票存根
XVI00000057

附加信息

出票日期：2020 年 09 月 09 日

收款人：北京一新广告公司
金　额：¥2000.00
用　途：广告费

单位主管　　会计

（13）10 日，购入 A 材料 3 000 kg，单价 20 元/kg；B 材料 2 000 kg，单价 55 元/kg；以库存现金支付运输费 500 元。增值税税率为 13%，货款以银行存款支付。其相关原始凭证如表 11.70 至表 11.72 所示。

表 11.70

北京增值税专用发票

1100005411　　北京　发票联　　№ 10530259

开票日期：2020 年 09 月 10 日

购买方	名　　称：华龙实业有限责任公司 纳税人识别号：91110115582861102F 地 址、电 话：北京市大兴区南五环路208号 开户行及账号：中国工商银行北京市红星分理处 201310001988630135					密码区	（略）	
货物或应税劳务、服务名称		规格型号	单位	数量	单价	金额	税率	税额
A 材料			kg	3000	20.00	60000.00	13%	7800.00
B 材料			kg	2000	55.00	110000.00	13%	14300.00
合　计						¥170000.00		¥22100.00
价税合计（大写）		⊗壹拾玖万贰仟壹佰元整				（小写）¥192100.00		
销售方	名　　称：北京新华公司 纳税人识别号：911100006102879317 地 址、电 话：北京市人民大街 98 号 开户行及账号：中国建设银行北京市大商分理处 201390060540663398					备注	北京新华公司 911100006102879317 发票专用章	

第二联：发票联　购买方记账凭证

收款人：潘宇新　　复核：　　开票人：华爽　　销售方（章）：

表 11.71

北京增值税专用发票

1100990854　　北京　发票联　　№ 02838645

开票日期：2020 年 09 月 10 日

购买方	名　　称：华龙实业有限责任公司 纳税人识别号：91110115582861102F 地 址、电 话：北京市大兴区南五环路 208 号 开户行及账号：中国工商银行北京市红星分理处 201310001988630135	密码区	（略）

货物或应税劳务、服务名称	规格型号	单位	数量	单价	金额	税率	税额
*运输服务*运输费		次	1	458.72	458.72	9%	41.28
合　计					¥458.72		¥41.28
价税合计（大写）	⊗伍佰元整				（小写）¥500.00		

销售方	名　　称：北京金地运输公司 纳税人识别号：911101154529703612 地 址、电 话：北京市大兴区南五环路 25 号 开户行及账号：中国建设银行大兴支行 201390633740661697	备注	运费： A 材料 3000kg B 材料 2000kg

第二联：发票联　购买方记账凭证

收款人：王飞　　复核：　　开票人：于红　　销售方（章）：

表 11.72

材料运输费分配表

元

材料名称	重　量	运输费总额	分配率/（元/kg）	分配金额
A 材料	3000kg	500.00	0.10	300
B 材料	2000kg			200

会计主管：　　记账：　　制单：

（14）11 日，上述 A、B 两种材料运到并验收入库，并按实际采购成本入账。其相关原始凭证如表 11.73 所示。

表 11.73

收　料　单

供货单位：北京新华公司　　材料类别：原材料

发票号码：10530259　　2020 年 9 月 11 日　　材料仓库：2 号、3 号

材料名称	单位	数量		实际成本													
		应收	实收	单价	发票价格	运输费	合计										
							亿	千	百	十	万	千	百	十	元	角	分
A 材料	kg	3000	3000	20.00	60000	300				¥	6	0	3	0	0	0	0
B 材料	kg	2000	2000	55.00	110000	200			¥	1	1	0	2	0	0	0	0
备注：				附单据：4 张													

验收人：孙岩　　制单人：刘景

（15）12 日，生产甲产品领用 A 材料 50 000 元；生产乙产品领用 B 材料 30 000 元。其相关原始凭证如表 11.74 所示。

表 11.74

领　料　单

2020 年 09 月 12 日　　元

用　途	材料名称及耗用成本		合　计
	A 材料	B 材料	
甲产品耗用	50000		50000
乙产品耗用		30000	30000
合　计	50000	30000	80000

（16）12日，车间一般耗用领A材料2 500元。其相关原始凭证如表11.75所示。

表11.75

领 料 单

2020年09月12日　　　　元

用　途	材料名称及耗用成本		合　计
	A材料	B材料	
车间耗用	2500		2500
合　计	2500		2500

（17）13日，销售甲产品80件，每件售价625元。货款50 000元，增值税税率13%，收到价税款存入银行。其相关原始凭证如表11.76和表11.77所示。

表11.76

北京增值税专用发票

1100061650　　　　№ 21879246

记　账　联　　　　开票日期：2020年09月13日

购买方	名　称：北京昌通公司 纳税人识别号：911101087932421085 地址、电话：北京市东单大街5号 开户行及账号：中国工商银行北京市新会支行 201310280118002					密码区	（略）	
货物或应税劳务、服务名称	规格型号	单位	数量	单价	金额	税率	税额	
甲产品		件	80	625.00	50000.00	13%	6500.00	
合　计					¥50000.00		¥6500.00	
价税合计（大写）	⊗伍万陆仟伍佰元整				（小写）¥56500.00			
销售方	名　称：华龙实业有限责任公司 纳税人识别号：91110115582861102F 地址、电话：北京市大兴区南五环路208号 开户行及账号：中国工商银行北京市红星分理处 201310001988630135					备注	华龙实业有限责任公司 91110115582861102F 发票专用章	

第三联：记账联　销售方记账凭证

收款人：杜丽　　复核：　　开票人：王群　　销售方（章）：

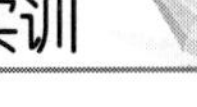

表 11.77

中国工商银行 进 账 单（收账通知） **3**

2020 年 09 月 13 日

<table>
<tr><td rowspan="3">出票人</td><td>全　称</td><td>北京昌通公司</td><td rowspan="3">收款人</td><td>全　称</td><td colspan="11">华龙实业有限责任公司</td></tr>
<tr><td>账　号</td><td>201310280118002</td><td>账　号</td><td colspan="11">201310001988630135</td></tr>
<tr><td>开户银行</td><td>中国工商银行北京市新会支行</td><td>开户银行</td><td colspan="11">中国工商银行北京市红星分理处</td></tr>
<tr><td rowspan="2">金额</td><td rowspan="2">人民币（大写）</td><td colspan="3" rowspan="2">⊗伍万陆仟伍佰元整</td><td>亿</td><td>千</td><td>百</td><td>十</td><td>万</td><td>千</td><td>百</td><td>十</td><td>元</td><td>角</td><td>分</td></tr>
<tr><td></td><td></td><td></td><td>¥</td><td>5</td><td>6</td><td>5</td><td>0</td><td>0</td><td>0</td><td>0</td></tr>
<tr><td colspan="2">票据种类</td><td>支票　票据张数　1</td><td colspan="13" rowspan="3">中国工商银行北京市
红星分理处
2020.09.13
转
模拟
讫
收款人开户银行签章</td></tr>
<tr><td colspan="2">票据号码</td><td>418</td></tr>
<tr><td colspan="3">复核　记账</td></tr>
</table>

此联是收款人开户银行交给收款人的收账通知

（18）14 日，以银行存款支付前欠货款 22 500 元。其相关原始凭证如表 11.78 所示。

表 11.78

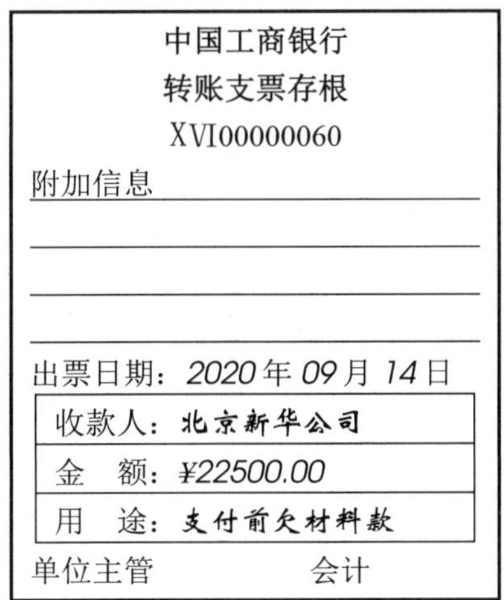
中国工商银行
转账支票存根
XVI00000060

附加信息

出票日期：2020 年 09 月 14 日

收款人：北京新华公司
金　额：¥22500.00
用　途：支付前欠材料款

单位主管　会计

（19）15 日，销售乙产品 50 件，每件售价 800 元。货款 40 000 元，增值税税率 13%。以存款代垫运输费 1 300 元，货款及运输费均办妥托收手续。其相关原始凭证如表 11.79、表 11.80 和表 11.81 所示。

（20）15 日，购入 C 材料 1 000 kg，单价 4 元/kg；D 材料 1 500 kg，单价 2 元/kg。供方代垫运输费 100 元，增值税税额 910 元。价税款及运输费尚未支付。其相关原始凭证如表 11.82 和表 11.83 所示。

表 11.79

北京增值税专用发票

1100061650　　北京　记账联　　№ 21879247

开票日期：2020年09月15日

购买方	名　　称：珠海银丽公司 纳税人识别号：92440400628638321L 地 址、电 话：珠海市金湾区明珠街56号 开户行及账号：中国工商银行珠海市立信支行 201310280018002				密码区	（略）		
货物或应税劳务、服务名称	规格型号	单位	数量	单价	金额	税率	税额	
乙产品		件	50	800.00	40000.00	13%	5200.00	
合　计					¥40000.00		¥5200.00	
价税合计（大写）	⊗肆万伍仟贰佰元整				（小写）¥45200.00			
销售方	名　　称：华龙实业有限责任公司 纳税人识别号：91110115582861102F 地 址、电 话：北京市大兴区南五环路208号 开户行及账号：中国工商银行北京市红星分理处 201310001988630135				备注	华龙实业有限责任公司 91110115582861102F 发票专用章		

收款人：杜丽　　复核：　　开票人：王群　　销售方（章）：

第三联：记账联　销售方记账凭证

表 11.80

中国工商银行
转账支票存根
XVI00000061

附加信息

出票日期：2020年09月15日

收款人：	北京铁路运输处
金　额：	¥1300.00
用　途：	运费

单位主管　　会计

表 11.81

托收凭证（回单联） 1

2020 年 09 月 15 日

<table>
<tr><td>业务类型</td><td colspan="5">托收承付（☐ 邮划、☑ 电划）</td></tr>
<tr><td rowspan="3">付款人</td><td>全 称</td><td colspan="2">珠海银丽公司</td><td rowspan="3">收款人</td><td>全 称</td><td colspan="2">华龙实业有限责任公司</td></tr>
<tr><td>账 号</td><td colspan="2">201310280018002</td><td>账 号</td><td colspan="2">201310001988630135</td></tr>
<tr><td>地 址</td><td>珠海市</td><td>开户行 中国工商银行珠海市立信支行</td><td>地 址</td><td>北京市</td><td>开户行 中国工商银行北京市红星分理处</td></tr>
<tr><td>金额</td><td colspan="3">人民币（大写） ⊗肆万陆仟伍佰元整</td><td colspan="4">亿 千 百 十 万 千 百 十 元 角 分
¥ 4 6 5 0 0 0 0</td></tr>
<tr><td>款项内容</td><td>销货款</td><td>托收凭据名称</td><td>增值税专用发票等</td><td>附寄单证张数</td><td colspan="3">3</td></tr>
<tr><td colspan="2">商品发运情况</td><td colspan="2">已发运</td><td>合同名称号码</td><td colspan="3"></td></tr>
<tr><td colspan="2">备注：
中国工商银行北京市红星分理处 2020.09.15 转 模拟 讫
复核 记账</td><td colspan="2">上列款项已划回收入你方账户内。
收款人开户银行签章
2020 年 09 月 15 日</td><td colspan="4"></td></tr>
</table>

此联收款人开户银行给收款人的回单

表 11.82

北京增值税专用发票

1100476398 北京 发票联 № 15630916

开票日期：2020 年 09 月 15 日

<table>
<tr><td>购买方</td><td colspan="5">名 称：华龙实业有限责任公司
纳税人识别号：91110115582861102F
地 址、电 话：北京市大兴区南五环路208号
开户行及账号：中国工商银行北京市红星分理处 201310001988630135</td><td>密码区</td><td colspan="2">（略）</td></tr>
<tr><td colspan="2">货物或应税劳务、服务名称</td><td>规格型号</td><td>单位</td><td>数量</td><td>单价</td><td>金额</td><td>税率</td><td>税额</td></tr>
<tr><td colspan="2">C 材料</td><td></td><td>kg</td><td>1000</td><td>4.00</td><td>4000.00</td><td>13%</td><td>520.00</td></tr>
<tr><td colspan="2">D 材料</td><td></td><td>kg</td><td>1500</td><td>2.00</td><td>3000.00</td><td>13%</td><td>390.00</td></tr>
<tr><td colspan="2">合 计</td><td></td><td></td><td></td><td></td><td>¥7000.00</td><td></td><td>¥910.00</td></tr>
<tr><td colspan="2">价税合计（大写）</td><td colspan="4">⊗柒仟玖佰壹拾元整</td><td colspan="3">（小写）¥7910.00</td></tr>
<tr><td>销售方</td><td colspan="5">名 称：北京佩新工厂
纳税人识别号：911101043401345588
地 址、电 话：010-86003558
开户行及账号：中国银行西单支行 000647824398549</td><td>备注</td><td colspan="2">北京佩新工厂 911101043401345588 发票专用章</td></tr>
</table>

收款人：杨子 复核： 开票人：徐丽 销售方（章）：

第二联：发票联 购买方记账凭证

表 11.83

北京增值税专用发票

1100990854

北京 发票联

№ 02838645

开票日期：2020 年 09 月 15 日

<table>
<tr><td rowspan="4">购买方</td><td colspan="6">名　　称：华龙实业有限责任公司</td><td rowspan="4">密码区</td><td rowspan="4">（略）</td></tr>
<tr><td colspan="6">纳税人识别号：91110115582861102F</td></tr>
<tr><td colspan="6">地 址、电 话：北京市大兴区南五环路 208 号</td></tr>
<tr><td colspan="6">开户行及账号：中国工商银行北京市红星分理处 201310001988630135</td></tr>
<tr><td colspan="2">货物或应税劳务、服务名称</td><td>规格型号</td><td>单位</td><td>数量</td><td>单价</td><td>金额</td><td>税率</td><td>税额</td></tr>
<tr><td colspan="2">*运输服务*运输费</td><td></td><td>次</td><td>1</td><td>91.74</td><td>91.74</td><td>9%</td><td>8.26</td></tr>
<tr><td colspan="2">合　计</td><td></td><td></td><td></td><td></td><td>¥91.74</td><td></td><td>¥8.26</td></tr>
<tr><td colspan="2">价税合计（大写）</td><td colspan="7">⊗壹佰元整　　　　（小写）¥100.00</td></tr>
<tr><td rowspan="4">销售方</td><td colspan="6">名　　称：北京金地运输公司</td><td rowspan="4">备注</td><td rowspan="4">运费：
A 材料 1000kg
B 材料 1500kg</td></tr>
<tr><td colspan="6">纳税人识别号：911101154529703612</td></tr>
<tr><td colspan="6">地 址、电 话：北京市大兴区南五环路 25 号</td></tr>
<tr><td colspan="6">开户行及账号：中国建设银行大兴支行 201390633740661697</td></tr>
</table>

收款人：王飞　　复核：　　开票人：于红　　销售方（章）：

第二联：发票联　购买方记账凭证

（21）16 日，收到偿还前欠货款 46 500 元，存入银行。其相关原始凭证如表 11.84 所示。

表 11.84

托收凭证（收账通知）　　4

委托日期 2020 年 09 月 16 日

<table>
<tr><td colspan="2">业务类型</td><td colspan="12">托收承付（☐ 邮划、☑ 电划）</td></tr>
<tr><td rowspan="3">付款人</td><td>全　称</td><td colspan="3">珠海银丽公司</td><td rowspan="3">收款人</td><td>全　称</td><td colspan="7">华龙实业有限责任公司</td></tr>
<tr><td>账　号</td><td colspan="3">201310280018002</td><td>账　号</td><td colspan="7">201310001988630135</td></tr>
<tr><td>地　址</td><td>珠海市</td><td>开户行</td><td>中国工商银行珠海市立信支行</td><td>地　址</td><td>北京市</td><td>开户行</td><td colspan="5">中国工商银行北京市红星分理处</td></tr>
<tr><td rowspan="2">金额</td><td colspan="4" rowspan="2">人民币（大写）⊗肆万陆仟伍佰元整</td><td>亿</td><td>千</td><td>百</td><td>十</td><td>万</td><td>千</td><td>百</td><td>十</td><td>元</td><td>角</td><td>分</td></tr>
<tr><td></td><td></td><td></td><td>¥</td><td>4</td><td>6</td><td>5</td><td>0</td><td>0</td><td>0</td><td>0</td></tr>
<tr><td>款项内容</td><td colspan="3">销货款</td><td>托收凭据名称</td><td colspan="3">增值税专用发票等</td><td colspan="2">附寄单证张数</td><td colspan="4">3</td></tr>
<tr><td colspan="2">商品发运情况</td><td colspan="3">已发运</td><td colspan="4">合同名称号码</td><td colspan="5"></td></tr>
<tr><td colspan="2">备注：

复核　　记账</td><td colspan="4">上列款项已划回收入你方账户内。
中国工商银行北京市红星分理处 2020.09.16 转讫
收款人开户银行签章
2020 年 09 月 16 日</td><td colspan="8"></td></tr>
</table>

此联收款人开户银行给收款人的回单

（22）17 日，应付本月水费。其中，生产甲产品耗用 2 000 元，生产乙产品耗用 1 500 元，生产车间照明耗用 1 200 元、管理部门耗用 500 元。其相关原始凭证如表 11.85 所示。

表 11.85

水费分配表

2020 年 09 月 元

用 途	水费总额	合 计
生产甲产品人员	2000	2000
生产乙产品人员	1500	1500
车间管理人员	1200	1200
行政管理人员	500	500
合 计	5200	5200

制表：高云

（23）18 日，销售甲产品 100 件。货款 62 500 元，增值税税率 13%。货款存入银行。其相关原始凭证如表 11.86 和表 11.87 所示。

表 11.86

北京增值税专用发票

1100061650 北京 记账联 № 21879255

开票日期：2020 年 09 月 18 日

购买方	名称：北京昌通公司 纳税人识别号：911101087932421085 地址、电话：北京市东单大街 5 号 开户行及账号：中国工商银行北京市新会支行 201310280118002				密码区	（略）	
货物或应税劳务、服务名称	规格型号	单位	数量	单价	金额	税率	税额
甲产品		件	100	625.00	62500.00	13%	8125.00
合 计					¥62500.00		¥8125.00
价税合计（大写）	⊗柒万零陆佰贰拾伍元整				（小写）¥70625.00		
销售方	名称：华龙实业有限责任公司 纳税人识别号：91110115582861102F 地址、电话：北京市大兴区南五环路208 号 开户行及账号：中国工商银行北京市红星分理处 201310001988630135				备注	华龙实业有限责任公司 91110115582861102F 发票专用章	

第三联：记账联 销售方记账凭证

收款人：杜丽 复核： 开票人：王群 销售方（章）：

表 11.87

中国工商银行 进 账 单（收账通知） 3

2020 年 09 月 18 日

出票人	全称	北京昌通公司	收款人	全称	华龙实业有限责任公司
	账号	201310280118002		账号	201310001988630135
	开户银行	中国工商银行北京市新会支行		开户银行	中国工商银行北京市红星分理处
金额	人民币（大写）	⊗柒万零陆佰贰拾伍元整		亿千百十万千百十元角分	¥ 7 0 6 2 5 0 0
票据种类	支票	票据张数	1		
票据号码	429				
复核 记账				收款人开户银行签章	

中国工商银行北京市红星分理处 2020.09.18 转 模拟 讫

此联是收款人开户银行交给收款人的收账通知

（24）19日，销售乙产品30件。货款24 000元，增值税税率13%。货款尚未收到。其相关原始凭证如表11.88所示。

表11.88

北京增值税专用发票

1100061650　　　　北京 记账联　　　　№ 21879257

开票日期：2020年09月19日

购买方	名称：珠海银丽公司 纳税人识别号：92440400628638321L 地址、电话：珠海市金湾区明珠街56号 开户行及账号：中国工商银行珠海市立信支行201310280018002				密码区	（略）	
货物或应税劳务、服务名称	规格型号	单位	数量	单价	金额	税率	税额
乙产品		件	30	800.00	24000.00	13%	3120.00
合计					¥24000.00		¥3120.00
价税合计（大写）	⊗贰万柒仟壹佰贰拾元整				（小写）¥27120.00		
销售方	名称：华龙实业有限责任公司 纳税人识别号：91110115582861102F 地址、电话：北京市大兴区南五环路208号 开户行及账号：中国工商银行北京市红星分理处201310001988630135				备注	华龙实业有限责任公司 91110115582861102F 发票专用章	

第三联：记账联 销售方记账凭证

收款人：杜丽　　复核：　　开票人：王群　　销售方（章）：

（25）19日，以银行存款支付广告费1 100元。其相关原始凭证如表11.89和表11.90所示。

表11.89

北京增值税专用发票

1100201035　　　　北京 发票联　　　　№ 10810437

开票日期：2020年09月19日

购买方	名称：华龙实业有限责任公司 纳税人识别号：91110115582861102F 地址、电话：北京市大兴区南五环路208号 开户行及账号：中国工商银行北京市红星分理处201310001988630135				密码区	（略）	
货物或应税劳务、服务名称	规格型号	单位	数量	单价	金额	税率	税额
*广告代理服务*广告费		项	1	1037.74	1037.74	6%	62.26
合计					¥1037.74		¥62.26
价税合计（大写）	⊗壹仟壹佰元整				（小写）¥1100.00		
销售方	名称：北京一新广告公司 纳税人识别号：911101025604026579 地址、电话：北京西城区灵净胡同甲155号 开户行及账号：中国工商银行北京西单支行62205134998806984551				备注	北京一新广告公司 911101025604026579 发票专用章	

第二联：发票联 购买方记账凭证

收款人：王新　　复核：　　开票人：李华　　销售方（章）：

表 11.90

中国工商银行
转账支票存根
XVI00000060

附加信息

出票日期：2020 年 09 月 19 日

收款人：北京一新广告公司
金 额：¥1100.00
用 途：广告费

单位主管 会计

（26）20 日，采购员刘力出差归来，报销差旅费 1 905 元，交回现金 95 元。其相关原始凭证如表 11.91 所示。

表 11.91

差旅费报销单

原派出单位： 2020 年 9 月 20 日 单据张数：14 张（略）

事由：外出联系业务 姓名：刘力 职务：采购员 预借款：2000 元

起止日期				起止地点	车船费	办公邮电	住勤费			途中标准	伙食补助		合计
月	日	月	日				标准	天数	金额		天数	金额	
9	4	9	20	北京—天津	180		100	15	1500		15	225	1905
合 计					180		100	15	1500		15	225	1905
人民币（大写）⊗壹仟玖佰零伍元整							应退款：95.00 元						

单位领导：于华 财务主管：林平 复核：林平 出纳：杜丽

（27）20 日，用现金支付车间设备检修费 300 元。其相关原始凭证如表 11.92 所示。

表 11.92

现金支出凭单

2020 年 9 月 20 日 第 65 号

用款事项：车间设备检修费			
人民币（大写）：⊗叁佰元整 现金付讫 ¥300.00			
收款人 孙力扬（签章）	主管人员 林平（签章）	会计人员（签章）	出纳员付讫 杜丽（签章）

（28）22 日，以银行存款支付仓库租赁费 1 000 元。其相关原始凭证如表 11.93 和表 11.94 所示。

表 11.93

付款凭证

2020 年 9 月 22 日　　　　第 66 号

<table>
<tr><td colspan="4">用款
事项：仓库租赁费</td></tr>
<tr><td colspan="4">人民币
（大写）：⊗壹仟元整　　现金付讫　　¥1000.00</td></tr>
<tr><td>收款人
孙力扬
（签章）</td><td>主管
人员　林平
（签章）</td><td>会计
人员
（签章）</td><td>出纳员
付讫　杜丽
（签章）</td></tr>
</table>

表 11.94

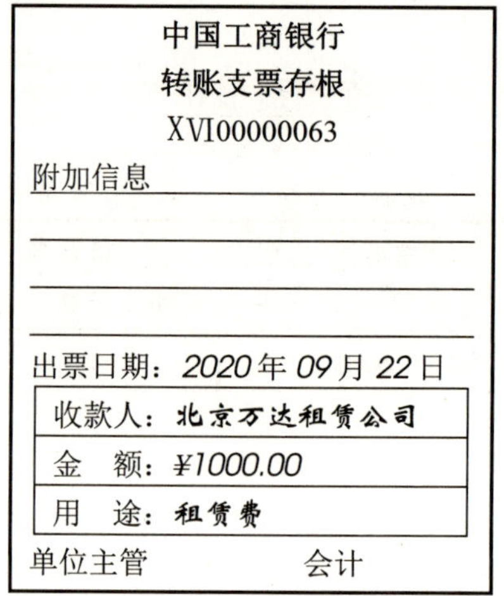

中国工商银行
转账支票存根
XVI00000063
附加信息

出票日期：2020 年 09 月 22 日

收款人：北京万达租赁公司
金　额：¥1000.00
用　途：租赁费

单位主管　　　会计

（29）23 日，企业以银行存款支付合同违约罚款 1 000 元。其相关原始凭证如表 11.95 和表 11.96 所示。

表 11.95

收款凭证

附件　　张　　　　2020 年 09 月 23 日

兹由（交款人）华成实业有限责任公司

交　　来　合同违约罚款

人民币（大写）壹仟元整　　¥1000.00

会计主管人员（签章）宫平

缴款人（或单位）　（签章）　　出纳人收讫（签章）林华

第二联 此联付款单位留 凭以作记账凭证

表 11.96

中国工商银行
转账支票存根
XVI00000061

附加信息

出票日期：2020 年 09 月 23 日

收款人：北京天成公司
金　额：¥1000.00
用　途：罚款

单位主管　　　会计

（30）24 日，本企业将不需用的 A 材料 100 kg 出售，单位售价 30 元。其进货单位原价 20 元，增值税税率 13%。价款收到存入银行，并结转其采购成本。其相关原始凭证如表 11.97、表 11.98 和表 11.99 所示。

表 11.97

北京增值税专用发票

1100061650　　　　　　　　　　　　　　№ 02681171

记　账　联　　　　开票日期：2020 年 09 月 24 日

<table>
<tr><td rowspan="4">购买方</td><td colspan="5">名　　　称：北京友谊公司</td><td rowspan="4">密码区</td><td colspan="3" rowspan="4">（略）</td></tr>
<tr><td colspan="5">纳税人识别号：91110105517820691</td></tr>
<tr><td colspan="5">地 址、电 话：北京市东单大街 45 号</td></tr>
<tr><td colspan="5">开户行及账号：中国工商银行北京市新会支行 01012000000145</td></tr>
<tr><td colspan="2">货物或应税劳务、服务名称</td><td>规格型号</td><td>单位</td><td>数量</td><td>单价</td><td>金额</td><td>税率</td><td>税额</td><td></td></tr>
<tr><td colspan="2">A 材料</td><td></td><td>kg</td><td>100</td><td>30.00</td><td>3000.00</td><td>13%</td><td>390.00</td><td></td></tr>
<tr><td colspan="2">合　计</td><td></td><td></td><td>100</td><td></td><td>¥3000.00</td><td></td><td>¥390.00</td><td></td></tr>
<tr><td colspan="2">价税合计（大写）</td><td colspan="8">⊗叁仟叁佰玖拾元整　　　　（小写）¥3390.00</td></tr>
<tr><td rowspan="4">销售方</td><td colspan="5">名　　　称：华龙实业有限责任公司</td><td rowspan="4">备注</td><td colspan="3" rowspan="4">华龙实业有限责任公司 91110115582861102F 发票专用章</td></tr>
<tr><td colspan="5">纳税人识别号：91110115582861102F</td></tr>
<tr><td colspan="5">地 址、电 话：北京市大兴区南五环路 208 号</td></tr>
<tr><td colspan="5">开户行及账号：中国工商银行北京市红星分理处 201310001988630135</td></tr>
</table>

第三联：记账联　销售方记账凭证

收款人：杜丽　　　复核：　　　开票人：王群　　　销售方（章）：

表 11.98

中国工商银行 进 账 单（收账通知） 3

2020 年 09 月 24 日

出票人	全称	北京友谊公司	收款人	全称	华龙实业有限责任公司	
	账号	01012000000145		账号	201310001988630135	
	开户银行	中国工商银行北京市新会支行		开户银行	中国工商银行北京市红星分理处	
金额	人民币（大写）	⊗叁仟叁佰玖拾元整			亿 千 百 十 万 千 百 十 元 角 分	
					¥ 3 3 9 0 0 0	
票据种类	支票	票据张数 1				
票据号码	581					
复核 记账			中国工商银行北京市红星分理处 2020.09.24 转 模拟 讫		收款人开户银行签章	

此联是收款人开户银行交给收款人的收账通知

表 11.99

出 库 单

2020 年 09 月 24 日

编号	01	名称	A 材料	规格		数量	100
计量单位	kg	单价	20	金额		亿 千 百 十 万 千 百 十 元 角 分	¥ 2 0 0 0 0 0
用途及摘要	销售						
仓库意见		领料人	销售科				

（31）26 日，企业开出一张 2 000 元转账支票，捐赠给市福利院。其相关原始凭证如表 11.100 和表 11.101 所示。

表 11.100

收 款 凭 证

附件 张

2020 年 09 月 26 日

兹由（交款人）华龙实业有限责任公司

交 来 向福利院捐款

人民币（大写）⊗贰仟元整 ¥2000.00

收款单位：北京市福利院

缴款人（或单位） （签章） 出纳人收讫（签章）王华

表 11.101

中国工商银行
转账支票存根
XVI00000070

附加信息

出票日期：2020 年 09 月 26 日

收款人：北京市福利院
金　额：¥2000.00
用　途：捐款

单位主管　　　　会计

（32）30 日，计提本月固定资产折旧。其中，车间计提 5 600 元，企业管理部门计提 4 800 元。其相关原始凭证如表 11.102 所示。

表 11.102

固定资产折旧费用分配表

2020 年 09 月　　　　元

使用部门	折旧方法	折旧金额
生产车间	平均年限法	5600
管理部门	平均年限法	4800
合　计		10400

制表：高云

（33）30 日，汇集全月制造费用，按甲、乙产品的生产工时进行分配。其中，甲产品本月生产工时为 4 000 工时，乙产品生产工时为 6 000 工时。其相关原始凭证如表 11.103 所示。

表 11.103

制造费用分配表

2020 年 09 月 30 日　　　　元

受益对象	分配标准（生产工时）	分配率	金　额
甲产品	4000	1.8282	7312.80
乙产品	6000	1.8282	10969.20
合　计	10000	1.8282	18282.00

制表：高云

（34）30 日，甲产品和乙产品全部完工入库，结算完工产品的生产成本。其相关原始凭证如表 11.104 所示。

表 11.104

产品生产成本计算表

2020 年 09 月 30 日

元

成本项目	甲产品（150 件）		乙产品（90 件）	
	总成本	单位成本	总成本	单位成本
直接材料	52000	346.67	31500	350.00
直接人工	9120	60.8	13680	152.00
制造费用	7312.80	48.75	10969.20	121.88
合　计	68432.80	456.22	56149.20	623.88

制表：高云

（35）30 日，结转本月已销产品的销售成本。其中，甲产品 180 件，单位成本为 456.22 元；乙产品 80 件，单位成本为 623.88 元。其相关原始凭证如表 11.105 所示。

表 11.105

商品销售成本计算单

2020 年 09 月 30 日

元

商品名称	销售数量	单位成本	总成本
甲产品	180	456.22	82119.60
乙产品	80	623.88	49910.40
合　计			132030.00

（36）30 日，将各损益类账户设 T 形账户，结出余额并将余额转入本年利润。其相关原始凭证如表 11.106 所示。

表 11.106

损益类账户发生额

2020 年 09 月 30 日

元

收入类	金额	支出类	金额
主营业务收入	176500	主营业务成本	132030
其他业务收入	3000	其他业务成本	2000
营业外收入		管理费用	21175
投资收益		销售费用	6520
		财务费用	308
		税金及附加	
		营业外支出	3000
		资产减值损失	
合　计	179500	合　计	165025

（37）30 日，计算出本月实现的利润总额，按利润总额的 25%计提所得税费用并结转。其相关原始凭证如表 11.107 所示。

表 11.107

应交所得税计算表

2020 年 09 月 30 日　　　　元

项　目	金　额	备　注
利润总额	14475	
其中：税后利润		
调整项目		
国债利息		
应纳税所得额	14475	
所得税率	25%	
应交所得税	3618.75	

（38）30 日，按规定按本期税后利润的 10%提取法定盈余公积金。其相关原始凭证如表 11.108 所示。

表 11.108

余公积计提表

2020 年 09 月 30 日　　　　元

项　目	税后利润	提取比例	提取金额
盈余公积金	10856.25	10%	1085.63
合　计	10856.25		1085.63

（39）30 日，按规定计算出应付给投资者的利润 2 172.25 元。其相关原始凭证如表 11.109 和表 11.110 所示。

表 11.109

分红决议

决议，本年按本期可供分配利润的 20%向投资者分配红利。

华龙实业有限责任公司

2020 年 09 月 30 日

表 11.110

股利分配计算表

2020 年 09 月 30 日　　元

项　目	税后利润	分配比例	分配金额
应付股利	10856.25	20%	2171.25
合　计	10856.25		2171.25

（40）30 日，以银行存款支付投资者利润。其相关原始凭证如表 11.111 所示。

表 11.111

中国工商银行
转账支票存根
XVI00000004

附加信息

出票日期：2020 年 09 月 30 日

收款人：投资人
金　额：¥2171.25
用　途：应付股利

单位主管　　会计